*Peter Hauptmann*

# Die russische Eisenindustrie und die Kartellbewegung

EHV
HISTORY

*Peter Hauptmann*

**Die russische Eisenindustrie und die Kartellbewegung**

*ISBN/EAN: 9783955644444*

*Auflage: 1*

*Erscheinungsjahr: 2013*

*Erscheinungsort: Bremen, Deutschland*

EHV
HISTORY

# Die russische Eisenindustrie und die Kartellbewegung

PETER HAUPTMANN

Zürich 1913
Buchdruckerei J. J. Meier
Plattenstrasse 27

# I.

## Die Entwicklung der russischen Eisenindustrie bis zum Zolltarife vom Jahre 1891.

### 1. Die Anfänge der Eisenindustrie in Rußland.

Die Bearbeitung des Eisens war den Slaven schon vor der Annahme des christlichen Glaubens bekannt. Den nötigen Rohstoff erhielten sie hauptsächlich auf dem Wege des Handels. Aus den Erzen wurde das Eisen in Rußland bis zum 18. Jahrhundert nur in sehr geringem Umfang in den heutigen Gouvernements Olonez, Nowgorod und Tula gewonnen. In Ustjuschna (Gouv. Nowgorod) wurde das Erz hauptsächlich aus Sümpfen gewonnen, dagegen im Gouvernement Tula förderte man es gewöhnlich aus Erzgruben.

Die Betriebsweise war gewiß anfänglich sehr einfach. Das Schmelzen fand in kleinen Frischherden statt, in welchen das Eisenerz mit trockenem Holze aufgeschüttet wurde. Erst später wurde das Holz durch Holzkohle ersetzt, und auch der Blasebalg fand seine Anwendung. Bei diesem einfachen Verfahren konnte man das Eisen nur in teigigem Zustande und in kleinen Mengen gewinnen; außerdem war es durch Schlacke stark verunreinigt.

Die Weiterverarbeitung des Eisens geschah in der Schmiede. Der Schmied nahm in seiner Werkstatt alle Arbeiten vor, von der gröbsten bei der Eisengewinnung angefangen, bis zur feinsten Arbeit bei der Herstellung von Geräten, Werkzeugen und Waffen. Die verschiedenen technischen Ausdrücke und Benennungen, welche in der Schmiede-

arbeit gebräuchlich sind, ebenso auch die Namen der her-
gestellten Gegenstände sind bei den slavischen Stämmen
ursprünglicher Herkunft[1]).

Von den ugrofinnischen Stämmen, welche zu jener Zeit
zwischen dem Uralgebirge und der Ostsee verbreitet waren
und welche als geschickte Schmiede galten, haben die Slaven,
höchst wahrscheinlich, vieles gelernt, was zur Verbesserung
der Technik im Eisengewerbe beigetragen haben konnte.

Die Fürsten hielten bei ihren Höfen größere Mengen
von Eisen auf Lager, welches hauptsächlich zur Herstellung
von Waffen bestimmt war[2]). Die Bewaffnung der höheren
Klassen war fremdländischen Ursprungs, europäischer oder
asiatischer Arbeit. Die Nachfrage der breiten Schichten der
Bevölkerung nach Ausrüstungsgegenständen und Eisenwaren
wurde durch das heimische Gewerbe gedeckt.

Der Bedarf an Eisen wuchs mit der wirtschaftlichen
Entwicklung des Landes immer mehr an. Auch die beinahe
ununterbrochenen Kriege im 15. und 16. Jahrhundert, welche
das Moskowitische Reich mit seinen Nachbarn führte, haben
das Eisengewerbe stark gefördert. Die Abhängigkeit vom
Auslande, in Bezug auf die Versorgung des Heeres mit Be-
waffnungs- und Kriegsgegenständen, mußte gebrochen werden,
und desto notwendiger war dieses Ziel zu verwirklichen, als
die Königreiche Polen und Schweden die Waffendurchfuhr
durch ihre ständigen Verbote ganz unmöglich machten.

Um hier eine Abhilfe zu schaffen, mußte man die
Herstellung der betreffenden Waren im Inlande durchführen.
Im 15. und 16. Jahrhundert wurden von den Zaren
mehrere Versuche gemacht, die Erzlagerstätten aufsuchen,
sie erforschen zu lassen und die Gewinnung der Metalle aus
den Erzen zu fördern. Doch all dies blieb lange ohne einen
nennenswerten Erfolg, da man nicht planmäßig vorging. Erst
im 17. Jahrhundert nahmen die Bestrebungen der Regierung
einen systematischen Charakter an. In jenem Jahrhundert

[1]) Aristoff. Das Gewerbewesen des antiken Rußlands, S. 111 u. a.
[2]) Aristoff, a. a. O. S. 114.

wurden dann auch bedeutend größere Erfolge in dieser Richtung erzielt. Es wurden mehrere Eisenwerke gegründet. Im Jahre 1632 wurde den Niederländern Gebrüdern Andreas und Abraham Winius und ihrem Freunde Elias Wilkensohn das Recht, Hütten zu bauen und Erze in Hochöfen zu schmelzen, verliehen; doch unter der Bedingung, daß sie auch Granaten und Kanonen und für den Bedarf der Regierung verschiedene Eisenfabrikate herstellen würden. Sie wurden von der Krone auf 10 Jahre von allen Steuern befreit und erhielten für diese Zeit das ausschließliche Recht der Eisengewinnung im ganzen Lande.

An dem Flusse Tuliza, nicht weit von der Stadt Tula, errichteten sie vier Werke, welche den Namen der „Goroditschenskija Eisenwerke" erhielten. Die Verhüttung der Erze wurde in Hochöfen vorgenommen. Die Bergleute und Schmiede bei diesen Werken waren Deutsche. So blieb es Jahrhunderte hindurch[1]). Eine große Zahl von ihnen wurde später nach dem Ural versetzt. Die Werke wurden sämtliche durch Wasserkraft betrieben.

Obwohl die Hochöfenindustrie in Rußland Eingang gefunden hatte, blieben doch lange noch neben den Hochöfen viele Betriebe bestehen, die aus einfachen Herden bestanden.

Die Regierung begünstigte das Eisengewerbe auf jede Weise. Die Hüttenmänner, meist Ausländer, bekamen von der Krone große Ländereien verliehen, mit Wäldern zur Holzkohlengewinnung bedeckt. Als Arbeiter wurden ihnen vom Zaren die Insaßen ganzer Bauerndörfer geschenkt; außerdem wurden sie reichlich mit Bestellungen von Seiten der Krone versorgt.

Und doch, ungeachtet dessen, schritt die Entwicklung der Eisenindustrie in dieser Zeit nur sehr langsam vorwärts. Die Tulaschen Eisenerze waren sehr arm. Erst nachher, durch die Erschließung der Eisenerze auf dem Ural, wurde der Industrie eine Entwicklungsmöglichkeit gegeben.

---

[1]) Storch. Historisch-statistisches Gemälde von Rußland Bd. 2, S. 486.

## 2. Die Zeit Peters des Großen.

Mit dem Regierungsantritt von Peter dem Großen begann im russischen Bergbau ein neuer Abschnitt. Das schon seit hunderten von Jahren von der Regierung verfolgte Ziel, Rußland in Bezug auf die Beschaffung des Kriegsbedarfs unabhängig vom Auslande zu machen, wurde von Peter dem Großen ganz besonders ins Auge gefaßt.

Es war die Zeit des Merkantilismus. Die Volkwirtschaftspflege geschah unter dem Einfluß machtpolitischer Erwägungen. Die Förderung der Eisenindustrie wurde von Peter als eine wichtige Aufgabe betrachtet. In dem Ukas an Demidoff lesen wir:

„Er, Demidoff, solle das Fluß- und Schmiede-Eisen in Russland vermehren, um den Bedarf des Reiches befriedigen zu können, sodaß man ohne das schwedische Eisen auskommen könne, daß die Russen diese Künste erlernen und daß diese Kentnisse im Reiche festen Fuß fassen könnten[1]."

Um dieses Ziel erreichen zu können, bedurfte die Eisenindustrie einer gründlichen Umgestaltung. Die Bestrebungen Peter des Großen gipfelten in folgenden Maßnahmen:

1. Die Verbesserung der Technik;
2. Aufsuchen wichtiger Erzlager auf dem Ural;
3. Erlaß des Berg-Privilegiums, wodurch dem Unternehmungsgeiste der Einzelnen ein größerer Spielraum zur Tätigkeit gegeben wurde.
4. Versorgung der Industrie mit Arbeitskräften.

Um die europäische Technik besser zu lernen und sie nach Rußland zu übertragen, bereiste Peter die Westeuropäischen Staaten. Im Jahre 1698 ließ er sich in den sächsischen Bergwerken unterrichten und warb sachverständige Bergleute in seine Dienste an. Auch die Ratgeber des Zaren in Bergbauangelegenheiten bereisten die westeuropäischen Staaten.

---

[1] Beloff. Geschichte der uralischen Bergwerke, S. 24.

Der Sachse, Erzprobierer Johann Friedrich B ü h l e r unternahm eine Reise nach Sachsen und bei seiner Rückkehr im Jahre 1701 brachte er eine große Anzahl sachverständiger Sachsen nach Russland mit.

Ueber einen anderen Ausländer und Ratgeber des Zaren, den Direktor des Olonez'schen Bergbaues, Obristleutnant de Hennin berichtet uns H. S t o r ch[1]) folgendes: „Im Jahre 1719 bereiste Hennin mehrere europäische Staaten, um Kenntnisse über das Berg- und Hüttenwesen einzusammeln, und auf seinem Rückwege warb er mit Erlaubnis der Könige von Polen und Preussen, eine beträchtliche Anzahl Meister an, mit deren Hilfe er in Olonez eine Menge Stahldrahtziehereien, Stahlblech- und Reckhämmer, Stahlöfen, Ankerschmieden und andere Werke anlegte, die sämtlich durch Wasser getrieben wurden."

Auch wurden junge Leute nach dem Auslande geschickt, um hier im Berg- und Hüttenwesen unterrichtet zu werden. Damit sie die Zeit nicht unnütz verlören, erhielten sie von Peter den strengsten Befehl schon auf dem Wege die deutsche Fibel vorzunehmen, um das Lesen und Schreiben zu erlernen.

Auf dem Ural, in Jekaterinenburg, wurde von de Hennin die erste Bergschule in Rußland eröffnet.

Die Heranziehung von Ausländern in den Russischen Bergbau und das Hüttenwesen hat das Eisen stark verbessert und die Produktivität erhöht, sodaß in den letzten Regierungsjahren Peter des Großen das russische Eisen mit dem ausländischen schon in Wettbewerb treten konnte.

Ueber die Betriebsweise der Eisenhütten wissen wir nur sehr wenig. Die Hochöfen hatten viereckige Schächte aus einem sehr dicken Mauerwerk von Ziegelstein und lieferten nicht über 200 Pud. Roheisen täglich[1]).

Der Olonez'sche Bergbau ist einer der ältesten in Rußland. Hier wurde das Eisen schon seit alten Zeiten in Frischherden gewonnen. Die ersten Hüttenwerke in diesem

---

[1]) H. Storch, a. a. O. S. 488, Bd. II.
[2]) Beck, die Geschichte des Eisens Bd. III, S. 1126.

Gebiet sind die Ustritz- und Sestroretzkwerke, welche im Jahre 1674 von dem Dänen Butenau von Rosenbusch am Flusse Lineschma erbaut wurden. Er erhielt sie von der Krone in Pacht. Peter kündigte die Pacht, weil diese Werke so schlecht arbeiteten, daß sie dem Untergang nahe waren. Doch auch unter Leitung der Krone wiesen sie keine Fortschritte auf, bis zur Zeit, wo zum Leiter des Olonez'schen Bergbaues der Ausländer de Hennin ernannt wurde. Unter seiner Verwaltung gelangte dieses Gebiet zu einer gewissen Blüte. Neue Werke wurden angelegt und die Arbeitsleistung der alten erhöht, sodaß sie in den Stand gesetzt waren, die neugeschaffene Flotte mit Geschützen und anderen Ausrüstungsgegenständen aus Eisen zu versehen[1]). Doch schon im Jahre 1722 wurde de Hennin nach dem Ural versetzt, und das Gebiet von Olonez verfiel von neuem dem Stillstand. Die Meister wurden teils nach Sestroretzsk, wo man eine Gewehrfabrik eingerichtet hatte, teils nach dem Ural übergeführt.

Auf dem Ural wurde das Eisenerz durch einen Tataren im Jahre 1628 entdeckt. Es ist anzunehmen, daß schon früher, vor Jahrhunderten, hier Eisen gewonnen wurde, davon zeugen wenigstens die alten Erzgruben, welche man hier vorfand.

Im 17. Jahrhundert tauchte dieses Gebiet von neuem auf. Die Krone legte im Jahre 1631 am Flusse Nitza auf der östlichen Seite des Uralgebirges ein Eisenwerk mit Frischherden an. Dieses kann man als das älteste Eisenwerk in Rußland bezeichnen.

Im Jahre 1699 errichtete die Krone am Flusse Kamenka das Kamensk-Werk, und zwei Jahre später am Flusse Newja das Newjansk-Werk. Das letztgenannte wurde im Jahre 1702 einem Schmiede aus Tula Nikita Demidoff übergeben. Peter erkannte in ihm einen tüchtigen und für seine Pläne nützlichen Mann. Mit dem Namen Demidoffs ist die Geschichte der Eisenindustrie auf dem Ural nah verbunden. Dank seiner

---

[1]) H. Storch, a. a. O. Bd. II. S. 487/8.

Tätigkeit und Tatkraft ist es ihm gelungen, von Anfang an die Entwicklung der Eisenindustrie in gesunde Bahnen zu lenken. Die Meister für das Newjansk-Werk erhielt er aus den Gorodtischensk-Werken. Er gründete noch mehrere Hüttenwerke im Ural. Das Newjansk-Werk diente ihm als Pflanzstätte von geschulten Arbeitern und erfahrenen Meistern. Es wurden von ihm und seinen Nachfolgern 30 Eisenwerke im Uralgebirge erbaut[1]).

Dem Beispiele Demidoffs folgten einige kühne und mutige Männer, wie z. B. Strogonow, Ossokini, Turtschaninoff und andere. Da de Hennin mit Demidoff in Fehde stand, so gelang es den neuen Ankömmlingen die Gunst de Hennins zu gewinnen.

Auch die Krone baute immer neue Eisenwerke hinzu. So gewann der Ural die leitende Rolle und behielt sie bis zum Ende des 19. Jahrhunderts, wo er von Südrußland überflügelt wurde.

Die Bergbauangelegenheiten wurden anfänglich durch die Organe der allgemeinen Staatsverwaltung verwaltet. Dieser Umstand legte der Entwicklung starke Hemmnisse in den Weg. Im Jahre 1719 gab Peter der Große dem Bergbau und Hüttenwesen durch die Einführung des Bergkollegiums eine eigene Verwaltung. In Jekaterinburg wurde ein Oberamt und in dem permischen Distrikt ein Bergamt errichtet[2]).

Der Privatbergbau gewann in Peters Augen immer mehr an Bedeutung. Um die private Initiative zu fördern, erließ er im Jahre 1719 das berühmte „Berg-Privilegium"; ein Gesetz durch welches wichtige Privilegien den Privatunternehmern beim Aufsuchen von Erzen und bei der Errichtung von Bergwerken gewährt wurden. Laut diesem Gesetz wurde jedermann gestattet, auf eigenen und fremden Grundstücken, auch bei Widerstand des Eigentümers alle Metalle zu suchen, zu verhütten und zu reinigen. Das sind die Grundprinzipien der sog. Bergfreiheit.

---

[1]) Keppen. Materialien zur Geschichte und Statistik der Eisenindustrie in Rußland, S. 9.
[2]) H. Storch, a. a. O. Bd. II, S. 489.

Das Bergregal in der Form des Verkaufsrechtes des
Staates für Edelsteine und Salpeter und die Abgabe von $^1/_{10}$
des Reinertrages hatte Peter noch aufrecht erhalten[1]). Im
Allgemeinen ist dieses Gesetz dem sächsischen Bergrecht
nachgebildet.

Die Begünstigungen, welche die Unternehmer für sich
ausbedingen konnten, waren die folgenden:

1. Wenn der Grundbesitzer sich weigerte, selbst das Erz
zu fördern und zu verarbeiten oder in eine Gesellschaft mit dem
Entdecker zu treten, so erhielt der erste Entdecker das Recht,
ein Berg- und Hüttenwerk auf dem fremden Boden zu errichten.
Doch muß hier gleichzeitig bemerkt werden, daß dieses Recht
kaum eine Anwendung gefunden hat, weil dem Unternehmungsgeiste des Einzelnen die umfangreichen Ländereien der Krone
zur Verfügung standen und weil die privaten Grundbesitzer
gegen die Ausführung dieser Bestimmung sich mit allen
Kräften wehrten und sogar zu Gewalttaten griffen.[2])

2. Die Befreiung der Unternehmungen auf eine bestimmte Zeit von Abgaben.

3. Das Verbot der Einfuhr von bestimmten Metallen
oder die Belastung derselben mit einem Schutzzoll.

4. Die Beschaffung der Arbeitskräfte durch Zuteilung
von Bauern an die Berg- und Hüttenwerke.

Alle diese Vorrechte wurden im Jahre 1720 auch auf
die Ausländer ausgedehnt.

Dank der rastlosen Tätigkeit Peters des Großen war
am Ende seiner Regierung in Rußland eine verhältnismäßig
bedeutende Industrie entstanden. Die Roheisengewinnung
Rußlands in jener Zeit wird auf etwa 4 bis 6,5 Mill. Pud.
geschätzt.

Da der Eisenbedarf im Lande reichlich gedeckt war, so
ging man zur Ausfuhr über. Jm Jahre 1716 kam das erste

[1]) Janschul. Grundsätze der Finanzwissenschaft S. 163.
[2]) Der Ukas v. J. 1722: „Ueber die Untersuchung der Anklage von
Verhinderungen beim Aufsuchen der Erze", gibt uns dafür einen Beweis.
I. Vollst. Gesetzcodif. No. 3974.

russische Eisen nach England.[1]) Später wurde durch einen
Vertreter, den Niederländer Johann Lübst, eine beständige
Ausfuhr von Eisen und Eisen-Erzeugnissen eingerichtet. Der
Handel wurde auf persönliche Rechnung des Zaren betrieben.
Das Eisen für den ausländischen Handel lieferten die Werke
der Krone und die Demidoff'schen Hütten.[2])

### 3. Die Entwicklung der Eisenindustrie seit Peter dem Großen bis zur Bauernbefreiung.

#### a. Die Eisenindustrie im 18. Jahrhundert.

Der Genius Peters d. Großen hatte die russische Eisenindustrie geschaffen und ihr eine bestimmte Richtung zur
weiteren Entwicklung gegeben. Unter seinen Nachfolgern
wurde dem Bergbau und Hüttenwesen bei weitem weniger
Aufmerksamkeit geschenkt. Ungeachtet dessen schritt die
Entwicklung der Eisenindustrie dank der gegebenen, gesunden
Grundlage vorwärts, das ganze Jahrhundert hindurch.

In den Jahren 1734/35 zählte man allein im Ural etwa
26 private und über 40 Werke der Krone[3]).

Die Werke der Krone arbeiteten mit Verlust. Deswegen
wurde ein Gesetz erlassen, welches die Veräußerung dieser
Werke an Private gestattete. In nur sehr kurzer Zeit gingen
dann diese Werke mit wenigen Ausnahmen in die Hände von
Privaten über.

Unter der Kaiserin Elisabeth, der Tochter Peters, wurden
viele neue Werke angelegt und der russische Bergbau gelangte
zu neuem Aufblühen. Allein schon in den 60er Jahren des
18. Jahrhunderts machte sich ein Rückgang bemerkbar.

Unter der Kaiserin Katharina wurde eine Kommission
eingesetzt, welche die Ursachen des Verfalles zu erforschen
hatte. Diese Kommission kam zu der Ueberzeugung, daß

---

[1]) Beck, a. a. O. Bd. III. S. 1127.
[2]) Beloff, a. a. O. S. 30/31.
[3]) Dehn. Steinkohlen und Eisenindustrie S. 102.

die privaten Werke infolge der Unwissenheit und Nachläßigkeit der Unternehmer, welche hauptsächlich zum hohen Adel gehörten, dem gänzlichen Untergange nahe waren. Deshalb beschloß man, diese Werke für die Krone wieder zurückzukaufen.

Die russische Eisenindustrie nahm unter Katharina auf dem Weltmarkte eine beherrschende Stellung ein. Im Jahre 1792 erzeugte Rußland 7,5—8 Mill. Pud. Roheisen[1]), während noch etwa 10 Jahre später (1790) Großbritannien und Frankreich, jedes etwa nur 4,5 Mill. Pud., Preussen nicht über 1 Mill. Pud. und die Vereinigten Staaten von Nordamerika nur etwa 0,5 Mill. Pud.[2]) Roheisen gewannen.

Im 18. Jahrhundert stand das russische Eisen an Güte über dem englischen oder amerikanischen. Eine Schrift über die Einfuhr von Roheisen, welche am 14. März 1757 dem englischen Parlament vorgelegt wurde, enthielt die folgende Bemerkung: Seite 7. „Das russische Eisen, wenn auch bis jetzt etwas schlechter als das schwedische, steht trotzdem, soweit wir beurteilen können, höher der Beschaffenheit nach als das englische oder amerikanische, welche beide, wenn man sie mit dem Eisen des Nordens vergleicht, verhältnismäßig weich sind, und folglich weniger für die Verwandlung in Stahl geeignet[3]).“

Die englische Einfuhr russischen Eisens hat im 18. Jahrhundert eine bedeutende Größe erreicht. In den 90er Jahren stieg die russische Einfuhr über 3 Mill. Pud. hinaus, was etwa die Hälfte der russischen Gesamterzeugung ausmachte. Ueber die russische Ausfuhr in der zweiten Hälfte des 18. Jahrhunderts[4]) geben die folgenden Zahlen Auskunft:

---

[1]) H. Storch, a. a. O. Bd. II. S. 507.

[2]) Brandt. Die ausländischen Kapitalien und ihr Einfluß auf die ökonomische Entwicklung des Landes Bd. II. S. 11,

[3]) Vogelstein. Kapitalistische Organisationsformen. Bd. I. S. 3. Anm. 4.

[4]) Brandt, a. a. O. S. 11.

Im Jahre 1762 = 1,158,000 Pud.

„    „    1763 = 1,186,951  „

„    „    1772 = 1,805,240  „

„    „    1773 = 2,743,879  „

„    „    1782 = 3,840,490  „

„    1793 = 2,995,932  „

„    „    1794 = 3,885,000  „

Das Hauptabsatzgebiet für das russische Eisen war England. Man führte das Eisen über Archangelsk und St. Petersburg aus.

Daß die russische Eisenindustrie die führende Rolle auf dem Weltmarkte behaupten konnte, ist dadurch zu erklären, daß die technischen und natürlichen Produktionsverhältnisse zu Gunsten der russischen Eisenindustrie sich gestaltet hatten.

Bis zur Mitte des 18. Jahrhunderts brauchte man für die Hochöfen ausschließlich Holzkohle. Dieser Umstand führte in Westeuropa zur Entwaldung großer Gebiete, was Holzmangel und Veränderung des Klimas hervorrief. England und Frankreich hatten schon Maßnahmen gegen die Ausrottung der Wälder getroffen, weil der Holzmangel hier sich am stärksten fühlen ließ. Wälder im Ueberflusse hatten nur Rußland und Schweden, und deshalb schwangen sie sich bald zu den Hauptlieferanten des Eisens auf dem Weltmarkte empor.

In Rußland besaß der Ural alle die nötigen Vorbedingungen zur Entwicklung der Eisenindustrie. Riesige Urwälder, reiche und leicht schmelzbare Eisenerze und das Vorhandensein von Leibeigenen (sehr billigen Arbeitskräften) kennzeichneten dieses Gebiet.

Die Arbeit der Leibeigenen konnte man damals bei dem einfachen Verfahren des Hochofenbetriebes mit Erfolg verwenden.

## b. Die Ursache des Verfalles in der ersten Hälfte des 19. Jahrhunderts.

Mit dem Beginn des 19. Jahrhunderts versagte der englische Markt jedoch immer mehr die Aufnahme, bis die Einfuhr Großbritanniens aus Rußland ganz verschwand. Der Rückgang der britischen Einfuhr ist zu ersehen aus den folgenden Zahlen.

Einfuhr von Eisen nach England 1800—1815.[1])

| Gesamteinfuhr: | | Davon aus Rußland: |
|---|---|---|
| Im Jahre | Tonnen | Tonnen |
| 1800 | 38,000 | — |
| 1805 | 27,000 | 17,000 |
| 1810 | 20,000 | 12,000 |
| 1814 | 22,000 | 12,000 |

In den Jahren 1815—1839 schwankte die Einfuhr aus Rußland zwischen 2000 und 9000 Tonnen.[2])

Rußland verlor immer mehr seine behauptende Stellung auf dem Weltmarkte. Im Jahre 1808 war Rußland schon auf die dritte Stelle zurückgedrängt und beteiligte sich an der Welterzeugung von Roheisen mit etwa 11%. Es zeigen dies die folgenden Zahlen:

### Roheisengewinnung der Welt im Jahre 1908.[3])

| | in Tonnen | in Tausend Pud. | Anteil an der Welt-roheisen-gewinnung %. |
|---|---|---|---|
| 1. Großbritannien . . | 229,167 | 13,979 | 32,94 |
| 2. Frankreich . . . . . . . | 206,250 | 12,581 | 29,64 |
| 3. Rußland . . . . . . . | 76,802 | 4,655 | 11,04 |
| 4. Dänemark, Norwegen, Schweden | 74,938 | 4,571 | 10,77 |
| 5. Oesterreich, Ungarn u. a. . | 46,310 | 2,825 | 6,66 |
| 6. Preußen, Sachsen, Bayern, Westfalen . . . . . . . | 32,059 | 1,956 | 4,61 |
| 7. Die Ver. Staaten v. Nordam. | 22,000 | 1,342 | 3,16 |
| 8. Spanien, Mexiko etc. . . | 8,250 | 503 | 1,18 |
| 9. Portugal, Brasilien . . . | wenig | — | — |
| Zusammen | 695,776 | 42,412 | 100,00 |

[1]) u. [2]) Vogelstein, a. a. O. S. 3. Anm. 4.
[3]) Héron de Villefosse. La Richesse Minerale. Paris 1810 angeführt bei Abemelek - Lasareff, die Frage der unteridischen Mineralschätze 2. T. S. 70.

— 13 —

Im Laufe des 19. Jahrhunderts sank fortwährend dieser Anteil Rußlands an der Weltroheisengewinnung. Am Ende der 80er Jahre war er sogar unter 3% herabgesunken. Seitdem stieg er wieder, wenn auch sehr langsam. Nach hundert Jahren, 1898, nahm Rußland die 5. Stelle ein mit einem Anteil von 5,9%.

Die Roheisengewinnung Rußlands blieb in der ersten Hälfte des 19. Jahrhunderts stillstehen. Man berechnet sie für diese Zeit auf 10 bis 12 Mill. Pud. jährlich.

Die Ursachen des Verfalls sind folgende:

1. Bereits im Jahre 1735 hat Abraham Darby die Verhüttung des Eisenerzes mit Hilfe von Koks erfolgreich ausgeführt. Seitdem verdrängte der Koks immer mehr die Holzkohle aus dem Verfahren der Gewinnung des Roheisens. Im Jahre 1785 wurde das Puddeln von Henry Cort erfunden. Diese zwei Errungenschaften beseitigten gänzlich die Abhängigkeit der Eisenindustrie von der Holzkohle. Die Folge war, daß die Roheisenerzeugung Großbritanniens in kürzester Zeit riesige Fortschritte machte, während bisher die Entwicklung seiner Eisenindustrie durch den Holzmangel aufgehalten worden war. Sie betrug:[1]

|  |  |
|---|---|
| im Jahre 1770 | 32,000 Tonnen |
| „ 1790 | 80,000 „ |
| „ „ 1800 | 152,000 „ |

Es konnte seinen Bedarf an Roheisen nunmehr selbst decken.

2. Da die bisherige Ueberlegenheit der russischen Eisenerzeugung auf dem Holzreichtum des Landes beruht hatte, so mußte sie nunmehr ins Hintertreffen geraten. Jetzt entzog ihr Großbritannien dank seinem Steinkohlenreichtum bald ihr früheres Absatzgebiet.

3. In Russland fehlte es zudem an Beweggründen zur Verbesserung der Technik und der Betriebseinrichtungen, weil

[1] Beck, a. a. O. Bd. III. S. 1079.

der Zoll auf Eisen sehr hoch war und dadurch der ausländische Wettbewerb von demi nnern Markt ferngehalten wurde. Auf diese Weise blieb der russischen Eisenindustrie der innere Markt völlig gesichert. Im Laufe des 18. Jahrhunderts wurde der Zoll immer mehr erhöht und ging in den 90er Jahren in ein gänzliches Einfuhrverbot über. Erst in der ersten Hälfte des 19. Jahrhunderts wurde das Einfuhrverbot für die Landgrenze aufgehoben und durch einen hohen Zoll ersetzt.

4. Die hohen Zölle ermöglichten, die Preise auf dem inländischen Markte hoch zu halten. Im Betriebsjahre 1848/49 wurde der Gewinn für die privaten Eisenwerke auf durchschnittlich 164 %[1]) berechnet. Es ist anzunehmen, daß die russische Eisenindustrie ihre monopolistische Stellung voll ausgenutzt hat, weshalb dieser gewaltig hohe Gewinn nicht als zufällig erscheinen kann. Außerdem bieb der Preis für einen längeren Zeitraum derselbe. In den Jahren 1825—1850 hat der Preis auf Roheisen in St. Petersburg keine Veränderung erfahren, während er in England auf 60 %[2]) seines früheren Standes gesunken war.

5. Die Aufhebung der Bergfreiheit, welche im Jahre 1782 erfolgte, hinderte in starkem Maße die Entwicklung der russischen Eisenindustrie. Das neue Berggesetz verband das Besitzrecht von Grund und Boden mit dem Besitzrechte an den unterirdischen Schätzen und befreite dadurch die Unternehmer von der Angst von neuaufkommender Konkurrenz.

6. Die fortschreitende Technik in der Eisenindustrie machte den Mangel an geschulten Arbeitskräften immer fühlbarer. Die Leibeigenen erwiesen sich in jeder Hinsicht für qualifizierte Arbeit als wenig geeignet. Infolgedessen hatten auch die Bemühungen der Regierung, die Industrie mit den nötigen Arbeitskräften zu versehen, bis zur Aufhebung der Leibeigenschaft nur wenig Erfolg.

---

[1]) Beloff, a. a. O. S. 79.
[2]) Dehn, a. a. O. S. 108.

Die patriarchalischen Produktionsverhältnisse wurden durch die Bauern-Befreiung stark erschüttert und mit den großen Umgestaltungen begann auch für die Eisenindustrie eine neue Zeit. Doch bevor diese geschildert werden kann, ist es nötig, noch zweier weiterer Einflüsse zu gedenken, welche sich schon in der früheren Zeit geltend machten, doch am stärksten in den letzten Jahrzenten gewirkt haben.

## 4. Die Eisenbahnbauten.

In den Jahren 1861—1890 vollzog sich auf dem Gebiete der russischen Volkswirtschaft eine gewaltige Umwälzung. Die Naturalwirtschaft wurde durch die Geldwirtschaft verdrängt. Durch die Freilassung wurde der bisher leibeigene Bauer in eine ganz andere Welt versetzt. Um die ihm auferlegten Abgaben an Steuern und Ablösungsgeldern zahlen zu können, war er gezwungen, seine landwirtschaftlichen Erzeugnisse oder seine Arbeitskraft gegen Geld auf den Markt zu bringen.

Allmählich flossen den Unternehmungen neue Arbeitskräfte zu. Anfänglich hatten die Berg- und Hüttenwerke durch die Bauern-Befreiung stark verloren. Massenweise verließen die Arbeiter die verhaßten Fabriken und Hütten. Die Roheisengewinnung ging zurück und erst nach 10 Jahren erreichte sie von neuen ihren früheren Stand.

Auf der anderen Seite war ein gewaltiger Eisenhunger im Reiche zu spüren. Der verhältnismäsig niedere Eisenverbrauch auf den Kopf der Bevölkerung wuchs in kürzester Zeit riesig an; die heimische Eisenindustrie war nicht mehr im Stande, mit ihm Schritt zu halten, und der Bedarf wurde eine zeitlang zu $^2/_3$ durch die Einfuhr befriedigt. Es ist diese Entwicklung aus der folgenden Zusammenstellung zu ersehen.

### Heimische Erzeugung. Einfuhr und Verbrauch von Eisen in Rußland in den Jahren 1850—1900.[1])

| Jahr | Heimische Roheisen-gewinnung | Die verschiedenen Eisensorten in Roh-eisen umgerechnet | | Inländi-scher Ver-brauch | Der Roheisen-Verbrauch | | Auf den Kopf d. Be-völke-rung |
|---|---|---|---|---|---|---|---|
| | | Ausfuhr | Einfuhr | | russi-schen | auslän-dischen | |
| | | in tausend Pud. | | | Ursprungs | | |
| | | | | | % | % | Pfund |
| 1850 | 13,892 | 1,137 | 396 | 13,151 | 97 | 3 | 8 |
| 1855 | 16,400 | 504 | 81 | 15,977 | 100 | 0 | 9 |
| 1860 | 20,467 | 1,282 | 2,955 | 22,140 | 86,6 | 13,4 | 11 |
| 1865 | 18,280 | 789 | 6,405 | 23,896 | 73 | 27 | 12 |
| 1870 | 21,949 | 1,016 | 48,198 | 69,131 | 30 | 70 | 32 |
| 1875 | 16,079 | 704 | 38,416 | 63,791 | 40 | 60 | 28 |
| 1880 | 27,375 | 13,125 | 55,008 | 69,258 | 20,1 | 79,9 | 27 |
| 1885 | 32,205 | 761 | 25,815 | 67,259 | 61,8 | 38,2 | 24 |
| 1890 | 56,560 | 626 | 26,358 | 82,292 | 68 | 52 | 27 |
| 1895 | 86,853 | ? | 47,511 | 134,455 | 65 | 35 | 45 |
| 1900 | 177,216 | 390 | 12,629 | 189,455 | 93,3 | 6,7 | 56 |

Die Hauptverbraucher dieser beträchtlichen Menge von Roheisen und Eisenerzeugnissen waren die Eisenbahnen. Seit dem Türkenkriege war die Notwendigkeit eines weiteren Aus-baues des Schienennetzes von der Regierung wieder eingesehen worden. Viele neue Eisenbahnlinien wurden gebaut und die entferntesten Landesteile des Riesenreiches durch Schienenwege mit einander in Verbindung gebracht.

Besonders unter den Finanzministern Grafen Reutern und Witte wurde das russische Eisenbahnnetz stark ausgebaut.

Graf Reutern fand bei seinem Amtsantritt im Jahre 1862 ein Eisenbahnnetz von 1954 Werst vor. Unter ihm waren, ungeachtet der schwierigen Finanzlage, gegen $18^1/_2$ Tausend Werst neuer Eisenbahnlinien erbaut und dem Verkehr über-geben worden. Die Eisenbahnen wurden von privaten Gesell-schaften gebaut und betrieben. Das nötige Kapital wurde durch Anleihen beschafft, für welche der Staat die Bürgschaft übernahm. Das Grundkapital der Eisenbahnen erreichte im

---

[1]) Brandt, a. a. O. S. 80/81; für das Jahr 1900 — Statistisches Jahr-buch. „Die Eisenindustrie in Südrußland im Jahre 1909." Tabelle 33.

Jahre 1878 1.981 Mill. Kreditrubel, wovon 1.759 Mill. Kr. Rbl. vom Staate entweder verbürgt oder unmittelbar aufgenommen waren.[1]) Nach zwanzig Jahren (1898) war das Grundkapital der Eisenbahnen auf 4.082 Mill. Kreditrubel angewachsen, von denen 95,5% auf den Staat entfielen.[2])

Die privaten Eisenbahnen arbeiteten mit Verlust, und der Staat mußte auf Grund der von ihm übernommenen Bürgschaft 30 bis 50 Mill. Rbl. jährlich zahlen. Im Jahre 1886 betrug dieser Zuschuß sogar 63,2 Mill. Rbl.[3])

Aus diesem Grunde leitete Graf Witte die Verstaatlichung ein. Die Verwaltung der Eisenbahnen wurde verbessert; sie ergaben statt Fehlbeträge in den Jahren 1895 — 1900 sogar Ueberschüsse. In seiner Amtszeit (1892—1902) als Finanzminister wuchs die Länge der Eisenbahnlinien fast um 100% an. Es gab Eisenbahnen in Russland:

| | | | |
|---|---|---|---|
| im Jahre | 1833 | 25 | Werst |
| „ „ | 1862 | 1,954 | „ |
| „ „ | 1878 | 21,471 | „ |
| „ „ | 1888 | 29,302 | „ |
| „ „ | 1892 | 29,302 | „ |
| „ „ | 1902 | 54,366 | „ |

In der ersten Zeit des Eisenbahnbaues unter Reutern wurden die Schienen und anderes Baumaterial fast ausschließlich aus dem Auslande bezogen, weil die russische Eisenindustrie der Nachfrage nicht gewachsen war. Im zweiten Zeitabschnitte, unter Witte, wurde das Bau- und Betriebsmaterial fast ausschließlich von den einheimischen Fabriken geliefert. Dank den Eisenbahnbauten und dem Zolltarif vom Jahre 1891 war in der kürzesten Zeit in Südrußland eine gewaltige Eisenindustrie entstanden.

Die erste Eisenbahnlinie St. Petersburg - Zarskoie Selo (1838) wurde ausschließlich mit ausländischem Material erbaut. Die Einfuhr desselben wurde ausnahmsweis zollfrei zugelassen.

---

[1]) Migulin. Der russische Staatskredit. Bd. III. 3. Lief. S. 447.
[2]) Janschul. Die Finanzwissenschaft. S. 120.
[3]) Witte. Die Prinzipien der Eisenbahntarife. S. 265.

Im Jahre 1842 wurde der Bau der Eisenbahnlinie Petersburg - Moskau beschlossen. Zu gleicher Zeit erging ein Befehl,
daß diese Linie ausschließlich aus Materialien russischer Erzeugung zu bauen sei. Diesem Befehl gemäß wurden Maßnahmen getroffen, die Herstellung von Schienen, Eisenbahn-
wagen und Lokomotiven in Rußland einzuführen und womöglich
mittelst Prämien und dergleichen großzuziehen.

Diese Zeit der unmittelbaren Förderung der heimischen
Eisenindustrie durch die Regierung umfaßt die Jahre 1868
bis 1878, und fällt somit in die Amtszeit des Grafen Reutern.

Mitte der 60er Jahre gab es in Rußland noch fast keine
Schienenerzeugung. Zur Herstellung von Eisenbahn-Betriebs-
materialien waren 7 Fabriken vorhanden, von ihnen stellte
nur eine auch Lokomotiven her.[1])

Die Prämie auf eine Lokomotive, welche ausschließlich
aus russischem Rohstoff hergestellt sein sollte, betrug 3000 Rbl.;
zu gleicher Zeit wurde der Zoll auf Lokomotiven von 75 Kop.
auf 1 Rbl. 25 K. für das Pud. erhöht.

Was die Schienen betrifft, so wurde die zollfreie Einfuhr
von Stahlschienen durch Gesetz vom 14. Mai 1876 völlig verboten, und den neugegründeten Eisenbahngesellschaften zur
Pflicht gemacht, daß sie mindestens eine Hälfte der nötigen
Schienen in Rußland selbst besorgen sollten. Außerdem
wurde auf 12 Jahre den Fabriken eine staatliche Unterstützung
für die Herstellung von Schienen gewährt: In den ersten acht
Jahren 35 Kop. für das Pud. Stahlschienen, dann 30,25 und
die zwei letzten Jahre 20 Kop. In demselben Jahre wurde
ein staatlicher Auftrag von 12 Mill. Pud. zu 2 Rbl. 30 Kop.
für das Pud. beschlossen. Dieser Preis war um etwa 100%
höher, als zur selben Zeit Schienen in England kosteten
(1 Rbl. 23 Kop.)

Obwohl die Prämie anfänglich nur für Stahlschienen
aus russischem Roheisen bestimmt war, wurde sie auch
dann gewährt, wenn alte Eisenschienen als Rohstoff ver-

---

[1]) Brand a. a. O. S. 19.

wendet wurden, trotzdem diese gewöhnlich ausländischen Ursprungs waren.

Dieser Umstand widersprach allerdings den Bestrebungen und der Absicht, die man mit der Gewährung der Prämien verbunden hatte. Deshalb wurden den Fabriken von der Regierung zwei Vorschläge gemacht: entweder die Gewährung von Prämien auf aus einheimischem Roheisen hergestellte Schienen zu beschränken, oder, falls sie dies nicht könnten, sich mit einer verminderten Prämie zu begnügen; sie sollte betragen statt 35 Kop. nur 20 Kop., statt 30 Kop. nur 15 Kop., statt 25 und 20 Kop. nur 10 Kop. für ein Pud. Die Fabriken nahmen den zweiten Vorschlag an. Dadurch wurde zum Teil das Ziel der Prämie vereitelt. Das sieht man ganz deutlich daraus, daß bis zum 1. Januar 1884 von den damals vorhandenen 32,060 Werst des Schienennetzes nur kaum ein Viertel aus heimischem Rohstoff hergestellt worden war, obwohl schon 22,969 Werst mit Stahlschienen versehen waren. Die Prämien, welche der Staat auf diese Weise den Fabriken gezahlt hatte, machten eine gewaltige Summe aus. Bis zum Juli 1884 hatte man also in sieben Jahren über 14$^1/_4$ Mill. Rbl. auf diese Weise ausgegeben,[1] doch die Prämienpolitik wurde bald verlassen.

Ende der 80er und in den 90er Jahren wurde von der Regierung ein anderer Weg zum Großziehen der heimischen Eisenindustrie eingeschlagen. Die Zollpolitik wurde wieder einmal zur Förderung der Eisenindustrie benützt. Mit dem Zolltarif vom Jahre 1891 wurde der Grund zu dem künftigen Gebäude gelegt. Jetzt strömte ausländisches Kapital über die Grenze und förderte das Aufkommen großer, neuzeitlich eingerichteter Betriebe.

### 5. Die Eisenzölle.

Noch am Ende des 18. Jahrhunderts war die Einfuhr von Roheisen und Eisen gänzlich verboten gewesen. Dieses Verbot blieb auch in den ersten zwei Jahrzehnten des 19. Jahr-

---

[1] Stahlschienenproduktion in Rußland S. 25 zitiert bei Brandt S. 28.

hunderts in Kraft. Die Entwicklung der Zölle seit dem Anfang des 18. Jahrhunderts ist aus folgender Zusammenstellung zu ersehen.

### Die Zölle betrugen in Kopeken.[1]

| Tarif v. Jahre | Roheisen über die | | Stabeisen über die | | Eisenblech über die | | Stahl |
|---|---|---|---|---|---|---|---|
| | Seegr. | Landgr. | Seegr. | Landgr. | Seegrenze | Landgrenze | |
| | für ein Berkowez*) | | | | | | für 3 Pud. |
| 1724 | 5% des Preises | | 37,5% d. Preises | | 37,5% des Preises | | 12 Kop. |
| 1731 | 25 | | 50 | | 75 | | 12½ „ |
| 1766 | 180 | | 235¼ | | 600 | | 125¼ „ |
| 1797 | Verboten | | Verboten | | Verboten | | 130 „ |
| | für ein Pud. | | | | | | |
| 1816 | Verboten | | Verboten | | Verboten | | 30 Kop. |
| 1819 | Verbot. | 90 | Verbot. | 120 | Verboten | 360 | 25 „ |
| 1850 | „ | 50 | „ | 50 | 100 | 100 | 75 „ |
| 1857 | 15 | | 70 | 50 | 90 | 60 | 75 „ |
| 1868 | 5 | | 35 | | 50 | | 80 „ |
| 1891 | 30=45 | 35=52 | 60=89 | | 85=126 | | 60=89 |

Durch den Zolltarif 1819 und 1820 wurde die Einfuhr über die Landgrenze wieder gegen hohen Zoll gestattet. Aber erst der Zolltarif vom Jahre 1867 beseitigte das Verbot der Einfuhr von Eisen zur See. Das Roheisen wurde mit einem Zoll von 16 Kop. für ein Pud. belastet und die verschiedenen Eisensorten mit 30—70 Kop. Uebrigens ist zu bemerken, daß im Süden die Einfuhr nur über Odessa gestattet war.

Im Jahre 1859 wurde den einzelnen Eisenbahngesellschaften freie Einfuhr von Eisenbahnbau- und Eisenbahnbetriebsmitteln gestattet. Zwei Jahre später wurde auch den Maschinenfabriken und schließlich allen mit Dampf- oder Wasserkraft arbeitenden Anstalten das Recht der zollfreien Einfuhr von Gußeisen und Maschinenteilen für den eigenen Bedarf eingeräumt.

---

[1] Gliwitz. Die Eisenindustrie in Rußland. Anhang, Tabelle 28. (Es sind hier nicht alle Tarife berücksichtigt worden.)

*) Anm. 1 Berkowez = 10 Pud.

Die Spannung zwischen dem Zoll auf Roheisen und weiter verarbeitetem Eisen wurde einige Jahre später noch verstärkt. Der Zolltarif vom Jahre 1868 belegte das Roheisen mit einem Zoll von 5 Kop. für ein Pud. und die verschiedenen Eisensorten mit Zollsätzen von 35 Kop. bis 80 Kop. das Pud.[1]) Infolgedessen entstand an der westlichen und nordwestlichen Grenze eine weiterverarbeitende Eisenindustrie.

Der Wettbewerb dieser Gebiete auf dem innern Markte des Reiches beunruhigte die uralische und die hervorkeimende südrussische Eisenindustrie. Eine rege Einsprache wurde aus allen Teilen des Reichs, sogar aus Polen, gegen die zollfreie Einfuhr von Eisenbahnmaterialien und Maschinen und gegen die unverhältnismäßigen Zollsätze auf Roheisen im Vergleiche zu weiter verarbeitetem Eisen erhoben. Der letztgenannte Umstand drohte die Erzeugung vieler Eisenwerke lahmzulegen. Zur Untersuchung dieser Frage wurden von der Regierung Ausschüsse eingesetzt und besondere Beratungen abgehalten. Die Eisenzollfrage erfuhr hierdurch eine eingehende allseitige Beleuchtung.

Der Vorteil der einzelnen Beteiligten lag in entgegengesetzter Richtung. Doch der Gedanke, daß die russische Eisenindustrie gegen den ausländischen Wettbewerb durch Zölle geschützt werden müsse, gewann immer mehr an Boden. Es wurde darauf hingewiesen, daß die technischen und wirtschaftlichen Bedingungen, unter welchen die russische Eisenindustrie zu arbeiten habe, sowie der Mangel an Verkehrswegen, die Erzeugungskosten und die Kosten der Versendung bedeutend erhöhten. Deshalb müßten die Eisenzölle wenigstens den Unterschied zwischen den Erzeugungskosten des Inlands und denen des Auslandes ausgleichen.

Die Stimmen der Freihändler verstummten allmählich. Die Prämien und Unterstützungen, welche die Regierung zum Großziehen einer Industrie angewendet hatte, wurden für richtig anerkannt. Die freihändlerischen Tendenzen der 60er

---

[1]) Wittschewsky. Rußlands Handels-, Zoll- und Industriepolitik. S. 119/20.

Jahre wurden durch die schutzöllnerischen Gedankengänge aus dem Felde geschlagen.

Im Jahre 1880 wurde ein Ukas erlassen, welcher den Industriellen die zollfreie Einfuhr entzog. Auch die Zölle wurden einer Ueberprüfung unterzogen und erhöht.

Im Jahre 1882 wurde der Roheisenzoll auf 6 Kop. das Pud festgesetzt. Zwei Jahre später wurde eine weitere Erhöhung des Roheisen-Zolles beschlossen. Sie sollte in folgender Abstufung erfolgen.

v. 1. Juni 1884 bis zum 1. März 1885 9 Kop. das Pud.

v. 1. März 1885 „ „ 1. März 1886 12 „ „ „

von da ab 15 Kop. Gold das Pud.[1])

Damit war die Eisenzollfrage jedoch bei weitem noch nicht gelöst.

Die Eisenindustrie im eigentlichen Rußland war gegenüber dem Gebiete des Kgr. Polen bedeutend schlechter gestellt. In Polen trug die Industrie zum Teile einen westlichen Charakter. Also auf der einen Seite die rückständige Technik, teure Rohstoffe und wenig geschulte Arbeitskraft; auf der andern die westeuropäische Technik, ausländische Arbeiter und billiges Rohmaterial. Die Aufgabe, die man sich setzte, bestand darin, die Eisenzölle so zu gestalten, daß der Ural seine Erzeugnisse noch mit Gewinn auf den Märkten von St. Petersburg und Moskau absetzen konnte.

Auch der Umstand, daß die polnischen Fabriken dank ihrer geographischen Lage das Roheisen billiger zu beziehen imstande waren als die baltischen, welche sich des englischen Roheisens bedienten, forderte nach der damals zum Sieg gelangten Anschauung einen Ausgleich.

Demgemäß belegte der Ukas vom 21. April 1887 die Einfuhr von Roheisen zur See mit einem Zoll von 25 Kop. und die Einfuhr über die westliche Landgrenze mit 30 Kop. Gold das Pud. Für Stabeisen und Stahl in Stangen waren 50 Kop. und für Eisen in Platten 70 Kop. Gold für das Pud zu entrichten.

---

[1]) Wittschewsky. a. a. O. S. 124.

Doch in den zollpolitischen Gedankengängen spielten noch andere Erwägungen und Bestrebungen mit. Die Zollpolitik wurde unter den Gesichtspunkt finanzwirtschaftlicher Zwecke gestellt und im Dienste der allgemeinen Staatspolitik betrieben. Die öffentliche Schuld des Reiches war durch die Türkenkriege und die Eisenbahnanleihen stark angewachsen. Die Zinsen für diese Anleihen mußten in Gold bezahlt werden. Auch beabsichtigte man die Einführung der Goldwährung. Der Zweck der Zölle ward nun, dem Staate Geldeinkünfte zu schaffen und das Gold im Lande festzuhalten. Das sollte u. a. eine aktive Handelsbilanz bewirken.

Alle diese Erwägungen fanden ihren Ausdruck in dem Zolltarife vom Jahre 1891. Die früheren Gutachten, Erlasse und Ukase waren durch diesen Tarif zu einer Einheit zusammengefaßt. Dieser Zolltarif setzte den Zoll für Roheisen auf 30 Kop. bei der Einfuhr zur See und bei der Einfuhr über Landgrenze 35 Kop. Gold für das Pud. fest. Auch der Zoll auf sonstiges Eisen und Stahl wurde um etwa 20 % erhöht.

Die hochschutzzöllnerische Absicht dieses Zolltarifs tritt besonders klar hervor, wenn man ihn mit dem Zolltarif vom Jahre 1868 vergleicht. Es betrug der Zoll auf:

|  | 1868 | 1891 |
|---|---|---|
| Roheisen | 5 Kop. das Pud. | 30 u. 35 Kop. Gold das Pud. |
| Maschinen | 30—75 „ „ „ | 170 Kop.—480 Kop. „ „ |
| Landwirtschaftl. Maschinen | zollfrei, | 70 „ „ „ |

Durch die Vorschrift der Zahlung der Zölle in Gold (1878) wurden ihre Sätze um $1/_3$ erhöht.

Das Gesetz vom 6. November 1895 zur Einführung der Goldwährung in Rußland erhöhte den Zoll auf Roheisen an der Landgrenze auf 52.5 Kop. das Pud. und an der Seegrenze auf 45 Kop. das Pud. Auch der Zoll auf Eisen und Stahl wurde entsprechend abgeändert.

Der heute in Geltung befindliche Zolltarif wurde am 13. Januar 1903 Allerhöchst bestätigt und trat im Jahre 1906 ins Leben. Dieser Zolltarif hat in sich die Zollsätze des allgemeinen Tarifes vom Jahre 1891 aufgenommen.

| Die Zollsätze dieses Tarifs sind folgende.[1]) | Allgem. Zoll | Vertrags-zoll |
|---|---|---|
| Roheisen jeder Art . . . . . . . . . | 45 | 45 |
| Roheisen, über die westliche Landgrenze eingeführt . . . . . . . . . . | 52,5 | 45 |
| Eisen- und Stahl- Marktsorten | 90 | 75 |
| Stahl- und Eisenblech (dünn) | 150 | 150 |
| Fabrikate aus Roheisen . . | 465 | 420 |
| Fabrikate aus Stahl und Eisen . | 255 | 210 |
| Maschinen jeder Art . | 255 | 210 |
| Einfache landw. Maschinen . . . . | 105 | 75 |
| Lokomobilen zu Dreschmaschinen und Pflügen . . . . . . . . . . | 75 | — |
| Komplizierte landwirtschaftliche Maschinen | zollfrei *) | |

Hier wäre noch am Platz, die Entwicklung der Zölle auf die landwirtschaftlichen Maschinen und Geräte kurz zu verfolgen. Bis zum Jahre 1885 waren die landwirtschaftlichen Maschinen zollfrei. Im Jahre 1885 wurden sie mit einem Zoll von 50 Kop. das Pud. belegt. Zwei Jahre später schon mit 70 Kop. das Pud. Dann wurde durch den Vertrags-Zolltarif vom Jahre 1893 der Zoll wieder auf 50 Kop. herabgesetzt. Am 25. Mai 1898 wurde die Einfuhr der komplizierten landwirtschaftlichen Maschinen zollfrei zugelassen. Durch ein Gesetz vom 24. Mai 1909 wurde auch einigen Teilen von landwirtschaftlichen Maschinen zollfreie Einfuhr zugestanden. Diese zwei letztgenannten Gesetze sollten aber nur gelten bis zum 1. Januar 1911. Sie wurden jedoch bis zum 1. April 1912 in ihrer Wirksamkeit verlängert.

---

[1]) Rogowin. Die Zolltarife vom Jahre 1906 mit einer Ergänzung.

*) Anmerkung. Vom 1. April 1912 an werden die Lokomotiven mit einem Zoll von 3 Rbl. 25 Kop. statt wie bisher von 75 Kop. belegt. Die komplizierten landwirtschaftlichen Maschinen und einige Maschinenteile, welche bis dahin zollfrei eingeführt werden durften, haben jetzt zu entrichten: die Maschinen 75 Kop. und die Maschinenteile 4 Rbl. 20 Kop. 8 Rbl. das Pud. Zeitschrift für Bergbau- und Eisenindustrie 1912. No. 14.

## II.

## Das Aufkommen des modernen Großbetriebes und die weitere Entwicklung der russischen Eisenindustrie bis auf die Gegenwart.

### 6. Das ausländische Kapital in Südrußland.

#### a. Die Entwicklung der Eisenindustrie in Südrußland.

Es ist kaum noch ein Beispiel in der Geschichte der Eisenindustrie aufzuweisen, wo in so kurzer Zeit eine so gewaltige Entwicklung erreicht worden ist, wie dies in Südrußland der Fall war. In einer wüsten Steppe, wo Rudel von Rehen weideten und Geier auf ihre Beute lauerten, wurden im Nu Städte, Dörfer und menschliche Wohnstätten hervorgezaubert. Und die herrlichen Nächte des Südens werden durch das ewige Feuer, welches in langen Streifen aus den mächtigen Schornsteinen hervorlodert, noch märchenhafter als sie damals waren, als die Kultur noch nicht die weiten Gestade des schwarzen Meeres berührt hatte.

Als Ursache und schaffende Kraft dieser Veränderung sind Technik und Kapital des Westens zu bezeichnen. Die natürlichen Vorbedingungen für das Aufkommen der schweren Industrie. Rohstoffe und Hilfsstoffe sind in naher Nachbarschaft gegeben. Im Gouvernement Jekaterinoslaff findet man Eisenerz und Steinkohle, außerdem Manganerz, Kalkstein Dolomit und feuerfeste Tonerde (Chamotte); es ist also alles vorhanden, was zur Roheisengewinnung gehört und sogar noch mehr, auch alles, was zur Errichtung der Oefen und Gebäude nötig ist.

Das Steinkohlengebiet des Donezbeckens ist von Kriwoi-Rog, der wichtigsten Lagerstätte der Eisenerze im Süden, etwa 300—400 Werst entfernt. Mit Brennstoff ist der Süden, wie ganz Rußland, auf hunderte von Jahren versorgt. Die Reichtümer des Donezbeckens an Steinkohle sind gewaltig. Die Kohle im Westen des Gebietes ist zur Verkokung geeignet; außerdem sind hier umfangreiche Lager von Anthrazit vorhanden. Die Gewinnung der Kohle ist leicht, da sie im Tagebau oder in nicht tiefen Schächten vor sich gehen kann. Doch muß man bemerken, daß die Flöße von geringer Mächtigkeit sind.

Leider können wir nicht dasselbe von den Lagerstätten der Eisenerze dieses Gebietes behaupten. Es ist die Erschöpfung der bis jetzt entdeckten und ausgebeuteten Lager und Gruben in nicht weit entfernter Zukunft zu erwarten.

Im Osten des Gouvernements Jekaterinoslaff und im Lande der Donschen Kosaken, befinden sich die Eisenerzlager zwischen den Steinkohlelagern. Doch dieses Erz ist sehr unrein und wenig mettallreich. Es wird mit den Erzen einer besseren Beschaffenheit aus Kriwoi-Rog gemischt.

Schon im 18. Jahrhundert war in St. Petersburg bekannt, daß in der Gegend des Dorfes Kriwoi-Rog Eisenerz vorhanden sei. Der Statthalter von Neurußland, Fürst Potemkin, beauftragte den Professor Lebanoff, die Mineralien von Kriwoi-Rog, welche schon vorher der Akademiker Güldenstedt entdeckt und beschrieben hatte, genau zu untersuchen. Die Ergebnisse dieser Untersuchung waren sehr befriedigend. Infolge des Todes des Fürsten erlosch jedoch das Interesse für den Kriwoi-Rog; seine Reichtümer wären noch lange unberührt geblieben, wenn nicht ein tatkräftiger Mann sich dieser Sache gewidmet hätte.

Im Jahre 1866 wurde Eisenerz im Gebiet von Kriwoi-Rog durch Al. Pohl, einem Gutsbesitzer des Werchnedrjeprowschen Kreises (Gouvernement Jekaterinoslaff), von neuem entdeckt. Von ihm wurde auch die Anregung zu einer genauen Untersuchung dieser Gegend gegeben. Die Ergebnisse dieser Erforschung, welche von dem Professor Barbot-de Marni geleistet wurden, fielen jedoch nicht zu Gunsten des Entdeckers aus. Doch Pohl verlor den Mut nicht. Er ließ auf seine Kosten Fachmänner kommen, richtete Laboratorien ein u. s. w. Diese Unkosten führten zu seinem wirtschaftlichen Zusammenbruche. Doch fest an die Richtigkeit seines Gedankens glaubend, begab er sich nach Paris, um das nötige Kapital aufzubringen, da die Regierung und die russische Gesellschaft seinen Plänen voller Zweifel gegenüberstand.

Im Jahre 1880 wurde die Gesellschaft „Société anonyme minérais de fer de Krivoi-Rog" in Paris mit einem Grundkapital von 5 Mill. Frs. gegründet. Schon im nächsten Jahre schritt man zum Abbau der Erzgruben in Krivoi-Rog. Im Jahre 1892 setzte diese Gesellschaft das Gdanzefsche Eisenwerk in Betrieb. Dieses Werk war in der Absicht erbaut worden, solche Erze, die den Transport nicht vertragen konnten auf der Stelle verhütten zu können.

In den Jahren 1894 bis 1897 entbrannte eine wütende Erzfelder-Spekulation in Kriwoi-Rog. Der zur Zeit im Lande gültige Schutzzoll spornte im höchsten Maße die Unternehmungslust der Geschäftsmänner an. Alle die großen metallurgischen Gesellschaften Südrußlands suchten hier ihre eigenen Gruben anzulegen. In kurzer Zeit stieg die Abgabe für die Gewinnung von Eisenerz von $^3/_4$ bis 1 Kop. auf $2^1/_2$ bis 5 Kop. für ein Pud.[1])

Dieses Gebiet wurde im Jahre 1884 durch die Katherina-Eisenbahn mit dem Donez-Kohlenbecken in Verbindung gesetzt.

Im Jahre 1885 erwarb die englische Gesellschaft „New Russia Co. Ltd." in Südrußland Erzgruben in Krivoi-Rog. Diese Gesellschaft war durch den Engländer John Hughes mit einem Grundkapital von 300,000 £ gegründet worden.

---

[1]) Lauvick. L'industrie dans la Russie Meridionale S. 77. etc.

Im Jahre 1869 hatte John Hughes einen Vertrag mit der russischen Regierung abgeschlossen, gemäß welchem die Gesellschaft im Gouvernement Jekaterinoslaff unentgeltlich Kronländereien mit Steinkohlen- und Eisenerzlagern bekam. Außerdem erhielt sie auf 10 Jahre eine Prämie von 50 Kop. auf jedes Pud. gelieferter Stahlschienen bis zu einer Höchstgrenze von 300,000 Pud. jährlich.

Im Jahre 1871 war das Werk in Betrieb gesetzt worden. Da aber das örtliche Eisenerz sehr eisenarm ist, so konnte sich die Roheisengewinnung nur dadurch entwickeln, daß es gelang, das Eisenerz von Kriwoi-Rog dank der Katherina-Eisenbahn zur Verhüttung heranzuziehen. Mit der Zeit entstand hier die Stadt Jusowska.

Fast zu derselben Zeit, als John Hughes seine Eisenhütte in Betrieb setzte, gründete D. Pastuchoff in Sulinsk ein Eisenwerk, welches die Verhüttung mit Anthrazit vornehmen sollte. Doch die ersten Versuche blieben ohne Erfolg. Erst seit dem Jahre 1887 dehnte sich die Roheisengewinnung aus.[1]

Es arbeiteten also bis zum Ende der 80er Jahre im Süden nur zwei Hüttenwerke. Dagegen entstanden in den 90er Jahren zahlreiche neue französische und belgische metallurgische Gesellschaften, sodaß die Zahl der Eisenhütten im Süden am Ausgang des 19. Jahrhunderts auf 17[2] gestiegen war.

Diese Eisenwerke, der Zeit ihrer Entstehung nach abgeordnet, waren außer den drei schon angeführten folgende:

1. Im Jahre 1887 hatte die Brjansk-Gesellschaft, welche im Jahre 1873 aus russischen Mitteln mit einem Grundkapital von 400,000 Rbl. gegründet worden war, das Alexander-Werk in Betrieb gesetzt. Dieses Werk wurde in der Nähe von Jekaterinoslaff erbaut. Seine Hauptbestimmung war die Herstellung von Schienen; am Anfange der 90er Jahre machte sie nicht weniger als 70% der gesamten Erzeugung dieses Werkes aus. Das Aktienkapital dieser Gesellschaft wurde mehrfach erhöht durch ein ständiges Zufließen von ausländischem

[1] Ragosin. Eisen und Steinkohle in Südrußland, S. 60.
[2] Anm. Das Beljansk-Werk in Belaja gelang nicht wegen der Krisis zur Beendigung.

Kapital. Im Jahre 1911 belief sich das Gesamtkapital dieser Gesellschaft auf 24,175,000 Rbl. [1])

2. 1887 wurde die Südrussische Dniepr-Aktiengesellschaft gemeinschaftlich von der belgischen Gesellschaft „J. Cockerill" von der Gesellschaft des Warschauer Stahlwerkes und von der französischen Gesellschaft „Praga" gegründet. Das Eisenwerk „Dnieprovienne" der neugegründeten Gesellschaft liegt am Dniepr etwa 30 Werst von der Stadt Jekaterinoslaff entfernt. Gegenwärtig besitzt die Gesellschaft auch das Kadiewsk Werk.

3. 1891 begann die Donez-Aktiengesellschaft ihre Tätigkeit. Sie wurde von Pastor und Werdié und von der „Huta Bankowa" gegründet. Das Werk dieser Gesellschaft, das Druschkowsk-Werk, liegt in Druschkovka, nicht weit von Bachmut. Es war ebenso wie das Alexanderwerk fast ausschließlich für die Herstellung von Schienen bestimmt. Der erste Hochofen wurde erst im Jahre 1894 angeblasen. Bei ·der Gründung war das Aktienkapital auf 1,500,000 Rbl. festgesetzt.

4. 1895 wurde hauptsächlich aus russischem Kapital „Die Donez-Jurjewka Aktiengesellschaft" gegründet. Das Eisenwerk „Donez-Jurjewsk" liegt an der Eisenbahnstation Jurjewka der süd-östlichen Eisenbahn. Das Aktienkapital war auf $1^1/_2$ Mill. Rubl. berechnet, doch sehr bald wurde es mehrfach erhöht.

5. 1895 gründeten einige ausländische Gesellschaften die „Société Russo-Belge" mit einem Aktienkapital von 8 Mill. Rubl. Das Werk dieser Gesellschaft ist an der Stelle erbaut worden, wo einst die Krone das Petrowsk-Werk besaß; deshalb wurde auch dieses Werk das Petrowsk-Werk benannt. Es war hauptsächlich für die Schienen-Herstellung bestimmt. Die nächste Eisenbahnstation ist Enakiewo der Katherinabahn.

6. 1896 hatte die Almasowsche Aktiengesellschaft, welche von der belgischen Gesellschaft „Cockerill" im Jahre 1894

---

[1]) Livre d'adresses des Entreprises industrielles belges et francaises en Russie 1911 S. 16.

gegründet worden war, in der Nähe der Eisenbahnstation „Almasnaja" das Kadiewsk-Werk erbaut.

7. 1896 wurde von der belgischen Gesellschaft für „Hütten und Werkstätten an Olchowaja" das Olchowsk-Werk angelegt.

8. 1896 gründete die „Nikoyal-Mariupolsche Aktiengesellschaft" das Mariupolsche Werk. Die Gründer waren Amerikaner.

9. 1896 wurde auch das Taganrogsche-Werk von der Taganrogschen metallurgischen Aktiengesellschaft erbaut. Eine belgische Gründung.

10. Dann errichtete 1897 die „Werchne-Dnieprowsche Aktien-Gesellschaft", welche im Jahre 1896 in Brüssel gegründet worden war, an Dniepr das Werchne-DriprowscheWerk.

11. Weiter erbaute 1898 die französische Gesellschaft „Société générale de hauts-fourneaux, forges et aciéries en Russie" in der Nähe der Eisenbahnstation Charzisk, das „Makjewsk-Werk".

12. Endlich errichtete 1899 die belgische Gesellschaft „Providence" das Eisenwerk „Russische Providence" in der Nähe der Stadt Mariupol.

13. 1899 wurde die Krematorowsche Aktiengesellschaft hauptsächlich mit deutschem Kapital gegründet. Sie erbaute das Krematorowsk-Werk bei Bachmut.

14. 1899 setzte die Kertsch-Aktiengesellschaft, welcher die Brjansk-Gesellschaft ihre Erzgruben und Einrichtungen auf der Halbinsel Kertsch übertrug, das Kertsch-Werk in Betrieb.

Nach der geographischen Lage geordnet, können wir die Eisenwerke in drei Gruppen einteilen nach den drei Hauptgebieten der Gewinnung der Roh- und Brennstoffe Kriwoi-Rog, Bachmut und Kertsch. Die erste Gruppe umfaßt die Eisenwerke: Werchne-Dnieprowsk-, Gdanzewsk-, Dnieprovienne- und Alexandrawsk-Werke. Zur zweiten Gruppe „Bachmut" gehören: Hughes-, Sulinsk-, Druschkowsk-, Petrowsk-, Donez-Jurjewsk-, Olchowsk-, Krematorowsk-, Kadiewsk- und Makejewsk-Werke. Die dritte Gruppe umfaßt vier Werke. Diese Werke verarbeiten das Eisenerz von Kertsch. Es sind die folgenden: Das Eisenwerk in Kertsch, das Nikopol-Maripolsche-, das Taganrogsche- und das Eisenwerk der „Providence-Russe“.

Außer diesen Eisenwerken mit Hochöfenbetrieb ist hier auch eine ganze Reihe reiner Walzwerke und Maschinenbauanstalten entstanden.

Alle diese Neugründungen sind mit einigen kleinen Ausnahmen dem ausländischen Kapital zu verdanken. Infolge dieses gewaltigen Aufschwungs der Eisenindustrie in Südrußland schwang sich dieses Gebiet bald zum Hauptproduzenten empor. Seine Bedeutung wuchs mit jedem Jahre. Es ist dies aus der umstehenden Zusammenstellung zu ersehen.

### b. Das Einströmen des ausländischen Kapitals und seine Ursachen.

In den 70er Jahren, also seit der Bauernbefreiung, erschienen in der russischen Eisenindustrie die ersten ausländischen Kapitalien. Die gute Konjunktur, welche die niedrigen Zolltarife in den 70er und 80er Jahren hervorgerufen hatte, veranlaßte eine Reihe deutscher Firmen, mehrere Werke in Polen und am baltischen Meerbusen zu gründen. Der zweite Zeitraum des Einströmens des ausländischen Kapitals begann in der zweiten Hälfte der 80er Jahre und erreichte seinen Höhepunkt in der Mitte der 90er Jahre. Diesmal waren es vorwiegend belgische und französische Kapitalien. Dieser Zeitraum fällt zusammen mit einer Zeit des Stillstandes in der belgischen Industrie. Große Kapitalien waren im Lande angesammelt, welche nach einer einträglichen Verwendung suchten. Da im Lande selbst das Kapital keine Aussichten auf Gewinn hegen konnte, so hielten es die Unternehmer für ratsam, ihre Kapitalien nach dem Ausland zu bringen. Außer diesem Umstande wirkten noch andere Ursachen auf das Einströmen des belgischen und französischen Kapitals hin.

Die wirtschaftlichen Erfolge der ersten Unternehmungen waren mehr als befriedigend; wenn man auch dasselbe nicht

Es betrug in den Jahren 1882—1899 in tausend Pud.¹)

| Jahr | Gewinnung von Roheisen | | | Gewinnung von Eisen und Stahl | | | Gewinnung fertiger Eisensorten | | |
|---|---|---|---|---|---|---|---|---|---|
| | Im Reiche | In Südrußland | % | Im Reiche | In Südrußland | % | Im Reiche | In Südrußland | % |
| 1882 | 26 972,0 | 1 787,0 | 6,63 | 36 125,8 | 3 202,7 | 8,87 | 27 661,5 | 1 699,1 | 6,14 |
| 1885 | 30 807,6 | 1 978,8 | 6,42 | 34 690,0 | 3 227,9 | 9,31 | 28 512,6 | 2 006,8 | 7,04 |
| 1890 | 55 211,9 | 13 228,0 | 23,96 | 51 839,8 | 9 434,9 | 18,20 | 41 591,1 | 6 629,8 | 15,93 |
| 1891 | 60 030,2 | 15 234,9 | 25,38 | 56 754,1 | 11 240,6 | 19,81 | 45 074,5 | 8 546,7 | 18,56 |
| 1892 | 64 057,3 | 17 029,1 | 26,58 | 64 300,8 | 14 474,6 | 22,51 | 52 465,9 | 11 930,7 | 22,74 |
| 1893 | 68 868,4 | 19 868,5 | 28,85 | 69 521,3 | 14 926,1 | 21,47 | 57 782,0 | 14 049,3 | 24,31 |
| 1894 | 80 075,3 | 27 157,5 | 33,92 | 79 532,8 | 18 831,1 | 23,68 | 60 728,8 | 14 661,6 | 24,14 |
| 1895 | 87 271,8 | 33 635,7 | 38,54 | 85 050,6 | 22 493,9 | 26,45 | 65 226,2 | 17 112,3 | 26,24 |
| 1896 | 97 535,1 | 38 760,2 | 39,73 | 94 925,1 | 28 539,5 | 30,05 | 77 882,3 | 23 052,1 | 29,60 |
| 1897 | 112 899,1 | 46 181,4 | 40,91 | 109 099,2 | 34 282,2 | 31,42 | 86 978,8 | 25 278,1 | 29,06 |
| 1898 | 135 377,7 | 61 332,4 | 45,30 | 128 920,0 | 47 196,4 | 36,61 | 99 948,8 | 36 458,3 | 36,48 |
| 1899 | 163 746,0 | 82 484,8 | 50,37 | 135 506,4 | 60 324,3 | 44,52 | 107 308,3 | 50 501,9 | 47,05 |

Wie ersichtlich, beteiligte sich Süd-Rußland im Jahre 1899 mit 50% an der Roheisengewinnung, mit 44,5% an der Herstellung von Halbzeug und mit 47% an der Herstellung von fertigen Eisenwaren. Die Ursachen des Aufblühens der Eisenindustrie in Südrußland sind in den gegebenen Wirtschafts- und zollpolitischen Maßnahmen der Regierung zu suchen.

¹) Die Eisenindustrie in Südrußland 1909, Fol. 29.

von allen Unternehmungen sagen kann, so richtet sich das Auge des beobachtenden Unternehmers gewöhnlich auf die glücklichsten.

Die Süd- Dnieprowsche- Aktiengesellschaft und die Neurussische Aktiengesellschaft von Hughes haben z. B. in den Jahren 1896, 1897 recht beneidenswerte Dividenden ihren Aktionären ausgezahlt.[1]) Sie betragen:

|  | 1896 | 1897 |
|---|---|---|
| Dnieprovienne | 2,000,000 Rbl. = 40 % | 2,000,000 Rbl. = 40 % |
| Hughes Aktien-Gesellschaft | 1,128,000 Rbl. = 20 % | 1,410,000 Rbl. = 25 % |

Dieses Ergebnis übte eine große Anziehungskraft auf die Geldmärkte Westeuropas aus. Die Belgier und Franzosen übertrugen sehr gerne ihre Kapitalien nach Südrußland. Nach Lauwick[2]) hat Belgien ungefähr den elften Teil seiner flüssigen Kapitalien, damals in den verschiedenen gewerblichen Unternehmungen Südrußlands angelegt. Er berechnet dieses Kapital auf 220 bis 230 Millionen Frs.

Nach dem „Livre d'adresses 1911" der Société d'études Belgo-Russe bestehen allein in der Eisenindustrie 36 Unternehmungen, in welchen belgische oder französische Kapitalien angelegt sind.

Das Interesse für Südrußland wuchs in Westeuropa mit jedem Tage. Die erfolgreiche Festsetzung des Wertes des Kreditrubelkurses und der Zolltarif vom Jahre 1891 haben im höchsten Grade die Unternehmungslust angereizt. Außerdem wurden große Hoffnungen auf die Ausdehnungsmöglichkeit des inländischen Verbrauchs von Eisenwaren gehegt. Der Verbrauch auf den Kopf der Bevölkerung war noch sehr gering, er betrug etwa den zehnten Teil desjenigen in Großbritannien oder Belgien. In der Tat stieg auch der Verbrauch in einer Zeit von zehn Jahren auf das $2^{1}/_{2}$ fache an, während der Verbrauch auf den Kopf der Bevölkerung im Auslande fast derselbe geblieben ist. Die nachstehenden Ziffern geben uns darüber Aufschluß.

[1]) Brandt. Ausl. K. a. a. O. S. 22/29.
[2]) Lauwick. Industrie dans la Russie S. 5.

Roheisenverbrauch der wichtigsten Länder 1888—1897.[1]

Auf den Kopf der Bevölkerung.

| Das Jahr | Groß-britannien | Belgien | Ver. Staaten von Nordam. | Deutsch. Reich | Frank-reich | Oester-reich-Ungarn | Rußland |
|---|---|---|---|---|---|---|---|
| 1888 | 192,3 | 171,3 | 109,8 | 92,35 | 42,7 | 20,2 | 7,9 |
| 89 | 197,9 | 176,0 | 125,5 | 96,53 | 41,1 | 22,1 | 9,0 |
| 90 | 183,0 | 170,3 | 140,3 | 99,91 | 45,7 | 23,8 | 11,1 |
| 91 | 177,2 | 142,0 | 129,0 | 94,56 | 47,1 | 22,4 | 11,2 |
| 92 | 160,3 | 147,5 | 141,2 | 98,98 | 51,3 | 22,8 | 12,0 |
| 93 | 160,8 | 147,5 | 107,5 | 98,80 | 50,5 | 23,6 | 13,4 |
| 94 | 173,5 | 172,3 | 100,0 | 103,69 | 51,1 | 26,7 | 14,8 |
| 95 | 181,6 | 174,0 | 141,8 | 104,39 | 46,4 | 28,5 | 16,0 |
| 96 | 195,9 | 210,5 | 120,1 | 123,45 | 53,5 | 29,7 | 16,5 |
| 97 | 196,8 | 188,0 | 132,4 | 133,33 | 60,6 | 32,4 | 18,8 |

Doch es entsprach dieser Auffassung nur zum Teil den Verhältnissen. Der kulturelle und wirtschaftliche Zustand der ländlichen Bevölkerung, bot wenig Sicherheit für eine weitere Ausdehnung ihrer Bedürfnisse.

Die Vermehrung des Eisenverbrauchs beruhte auf Eisenbahnbauten; sie geschah auf Kosten der Regierung, welche in den 90er Jahren die neugegründeten Werke reichlich mit Bestellungen versorgte. Sogar diejenigen Werke, welche noch nicht gegründet waren, oder sich erst im Bau befanden, hatten schon ihre Anteile von der Krone erhalten. So bekam bei der Gründung schon das Russo-belgische Werk eine Bestellung von 12 Mill. Pud., das Druschsowsche Werk eine von 8 Mill. Pud Eisenbahnschienen und andere mehr.

Die Gesellschaft des Mariupol-Taganrogschen Werkes bekam, bevor sie überhaupt mit der Einrichtung von Fabrikanlagen begonnen hatte, eine Bestellung auf Röhren für die bakische Naphtaindustrie; erst nach dem Abschluß dieses Geschäftes kaufte diese Gesellschaft ein fertiges Werk in Amerika und transportierte es in Schiffen nach Südrußland.

[1] Nach der Denkschrift zur Reichsfinanzreform III. S. 103 zitiert bei Prof. Esslen „Grundriß zu Vorlesungen über Wirtschaftsgeographie."

Es bleibt noch die Frage zu erörtern, inwiefern die hohen inländischen Preise dem ausländischen Kapital zu Gute kommen. Auch hier wurde die alte Wahrheit bewiesen, daß auch für die Unternehmer hohe Preise nicht immer am günstigsten sind. Da das Eisen im Lande sehr hoch im Preise stand, so kamen die Anlagen den neuen Eisenwerken sehr teuer zu stehen. Die Preise in Rußland waren zweimal ja sogar dreimal höher als auf den Märkten von Westeuropa. Es zeigen dies die folgenden Zahlen.

**Roheisenpreise im Durchschnitt der Jahre.[1]**

| in Kopeken für ein Pud | | 1890/94 Kop. | 1895/99 Kop. |
|---|---|---|---|
| St. Petersburg: | Schottisches (ausl.) No. 1 | 104,8 | 105,1 |
| | Südrussisches | — | 91,2 |
| Odessa: | Schottisch-Monkland No. 1 | 108,3 | 107,1 |
| Hamburg: | Schottländisches No. 1 | 57,7 | 56,6 |
| Düsseldorf: | Deutsche beste Sorte | 41,4 | 43,2 |
| London: | Schottländisches No. 1 | 34,0 | 37,8 |

Deshalb konnten nur diejenigen Eisenwerke einen unmittelbaren Nutzen aus den hohen Zöllen ziehen, welche ihre Anlagen noch in den 80er Jahren angelegt hatten; solche aber gab es nicht viele.

Außerdem kamen die Ausländer nach Südrußland ohne eine gründliche Kenntnis der Landesgesetze, der Sprache, der Sitten und Gebräuche; auch dadurch wurden die Anlagen verteuert. Später als die Krisis ausbrach, ließen sich diese unnötigen Ausgaben stark merken.

Die Fabriken und Hütten sind nach den modernsten Ergebnissen der Technik erbaut und ausgerüstet worden. Sie übertreffen sogar die belgischen[1]), was die Neuheit anbelangt. Was die Größe betrifft, so werden sie, durchschnittlich gerechnet, nur von amerikanischen übertroffen. Der moderne Großbetrieb wurde aber mit allen Wurzeln von Westeuropa nach Rußland verpflanzt, ohne die Entwicklungs-

---

[1]) Die Warenpreise auf den russ. und ausl. Märkten 1890/99.
[2]) Lauwik. L'industrie, a. a. S. 181.

stufen, welche er in Westeuropa durchgemacht hatte, zu durch-
schreiten. Er hat sich nicht im Zusammenhang mit den
andern Zweigen der Volkswirtschaft entwickelt, und deshalb
ist er in Rußland weniger widerstandsfähig, als im Westen
von Europa. Nach der Krisis vom Jahre 1900 konnte die
russische Eisenindustrie lange nicht zu gesunden Verhältnissen
kommen.

### 7. Die Krisis in der russischen Eisenindustrie.

Wir wissen bereits: in den 90er Jahren nahm die
russische Eisenindustrie einen starken Aufschwung. Die Roh-
eisengewinnnng verdreifachte sich in einer Zeit von 10 Jahren,.
Auch die Stahl- und Flußeisenerzeugung wies eine ähnliche
Steigerung auf. Dieser Aufschwung entfiel fast ausschließlich
auf den Süden.

Diese Zeit der günstigen Wirtschaftslage in der russischen
Eisenindustrie fiel mit dem allgemeinen Aufschwung der ganzen
russischen Industrie zusammen. Die Anspannung des Kapitalmarktes in Westeuropa um die Jahrhundertwende führte auch
den Niedergang der russischen Hochkonjunktur herbei.

Die russische Regierung, welche in ihren wirtschaftlichen
Bestrebungen von den Kapitalmärkten Westeuropas abhängig
ist, mußte jetzt auf eine weitere Entwicklung der angefangenen
Bestrebungen verzichten. Die Einschränkung der staatlichen
Bestellungen und der wirtschaftliche Stillstand, welcher nach
dem Aufhören des Zuflusses ausländischer Kapitalien eintrat,
wirkten verderblich auf die Absatzverhältnisse der russischen
Eisenindustrie ein. Im Lande selbt waren die flüssigen Mittel
in den Eisenbahnen, Fabrikgebäuden, Maschinen u. s. w. fest-
gelegt worden. Jetzt trat der Umschwung ein.

In der Eisenindustrie brach die Krisis im Jahre 1900 aus.
Das Roheisen im Süden, welches noch am Anfang des
Jahres 1900 im Preise von 50—60 Kop. das Pud stand,
wurde am Ausgange desselben Jahres für 45—55 Kop. feil-
geboten. In Polen fiel der Preis auf Roheisen von 90 Kop.
auf 60 Kop.[1]) das Pud. Im Januar des Jahres 1902 standen

---

[1]) Brandt. Die Handels- und Industriekrisis Bd. II, S. 163.

die Preise auf Roheisen im Süden ab Fabrik schon auf 42—52 Kop. das Pud.; im November desselben Jahres wurden größere Bestellungen sogar für 38 Kop.[1]) das Pud. ausgeführt. Jetzt wurde in Rußland das Roheisen billiger verkauft, als im Auslande. Zu jener Zeit war der Preis für Roheisen:

in Westfalen          41,3 Kop.[2]) das Pud.
in Glasgow           41,0   „      „   „
in Pittsburg          70,1   „      „   „

Es ist zu bemerken, daß auch in Westeuropa und allerdings bloß ganz vorübergehend in Amerika eine Handels- und Industriekrisis wütete und deshalb auch dort die Preise unter den gewöhnlichen Stand gesunken waren.

Der Preis von Flußeisen und Stahl erlitt ebenfalls eine fortwährende Ermäßigung genau wie es beim Roheisen der Fall war. Im Laufe des Jahres 1900 fiel der Preis des Formeisens von 1 Rbl. 60 Kop. auf 1 Rbl. 40 Kop. In den nächsten Jahren sanken die Preise der verschiedenen Eisensorten noch tiefer, bis im Jahre 1902 ein Kartell „die Prodameta" gegründet wurde, welches die Preise zu erhöhen und zu befestigen versuchte.

Bloß das Dacheisenblech (zum Dachdecken verwendetes Eisenblech), welches bis zur Krisis nur auf dem Ural hergestellt wurde, stand fest im Preise von 250 Kop. das Pud. Da aber in den Krisisjahren auch Südrußland zur Herstellung von Dacheisenblech überging, so wurde allmählich auch diese Eisensorte einem Preissturze unterworfen. Dieser Umstand führte, wie in Südrußland, auch im Ural zur Gründung eines Kartells, der „Krowlja."

Die Roheisengewinnung wies im Jahr 1900 noch eine Steigerung auf. Dasselbe gilt von den weiter verarbeiteten Erzeugnissen. Im nächsten Jahre war aber schon ein Rückgang in der Erzeugung bemerkbar.

Der unglückliche Ausfall des japanischen Krieges, die inneren Unruhen und die Mißernten der folgenden Jahre

---

[1]) Brandt. Die Handels- und Industriekrisis Bd. II, S. 163.
[2]) Daselbst S. 164.

haben das wirtschaftliche Leben Rußlands stark beschädigt. Die Eisenindustrie wurde in ihrer Entwicklung auf mehrere Jahre zurückgehalten. Das zeigen die folgenden Zahlen.

**Roheisengewinnung, Eisen- und Stahlerzeugung u. s. w. in den Krisisjahren in 1000 Pud.[1]**

| Das Jahr | Roheisen | Halbzeug aus Eisen u. Stahl | Fertige Waren aus Eisen und Stahl |
|---|---|---|---|
| 1900 | 177,217 | 165,178 | 134,461 |
| 01 | 173,142 | 164,957 | 136,999 |
| 02 | 156,815 | 155,539 | 122,391 |
| 03 | 150,486 | 165,070 | 136,038 |
| 04 | 180,316 | 182,575 | 152,719 |
| 05 | 165,809 | 168,021 | 143,931 |
| 06 | 164,362 | 165,032 | 139,653 |
| 07 | 172,307 | 173,304 | 138,274 |
| 08 | 171,740 | 174,872 | 147,598 |

Die Produktionsfähigheit der Eisenwerke war viel höher. In den Krisisjahren belief sich die tätsächliche Erzeugung von Roheisen, Eisen und Stahl durchschnittlich auf 60 % [2] der Produktionfähigkeit. Bei günstiger Wirtschaftslage hätten die Roheisengewinnung in diesen Jahren eine Größe von 300 Mill. Pud. jährlich erreichen können.

Die Einfuhr von Roheisen, Flußeisen und Stahl verschwand fast vollständig. Nur die Maschinen und Apparte behaupteten ihren Stand.

**Einfuhr von Roheisen, Flußeisen, Stahl u.s.w. in 1000 Pud.[3]**

| Das Jahr | Roheisen | Flußeisen | Stahl | Maschinen u. Apparate |
|---|---|---|---|---|
| 1900 | 3,165 | 5,799 | 1,299 | 9,550 |
| 05 | 815 | 2,512 | 1,026 | 7,742 |
| 06 | 472 | 3,066 | 1,060 | 8,209 |
| 07 | 298 | 2,488 | 933 | 9,186 |
| 08 | 396 | 2,556 | 879 | 9,731 |

[1] Die Eisenindustrie in Südrußland 1911. Tab. 29.
[2] Finanzanzeiger 1912 No. 41 Korsuchin. Die russische Eisenindustrie im Jahre 1911.
[3] Die Eisenindustrie in Südrußland 1910/1911 Tab. 31/32.

Die Ausfuhr war dagegen im Steigen. Durch die Krisis wurden die Unternehmer gezwungen, neue Märkte aufzusuchen. Seit dem Jahre 1907 nahmen die abgestoßenen Massen eine gewaltige Größe an. Die erste Stelle unter der Ausfuhr nahmen die Eisenbahnschienen ein.

**Ausfuhr von Roheisen, Flußeisen Stahl u.s.w. in 1000 Pud.[1]**

| Das Jahr | Roheisen | Fabrikate | Maschinen | Flußeisen und Stahl | |
|----------|----------|-----------|-----------|---------------------|------------|
| 1900 | 26 | 199 | 95 | 273 | darunter Schienen |
| 05 | 59 | 325 | 85 | 867 | — |
| 07 | 4,549 | 441 | 138 | 15,026 | 5,576 |
| 08 | 649 | 466 | 107 | 6,863 | 5,077 |
| 09 | 72 | 528 | 115 | 10,208 | 8,770 |
| 10 | 125 | 676 | 106 | 5,597 | 4,186 |
| 11 | 54 | 314 | 128 | 4,485 | 3,231 |

Die Zusammenbrüche, die durch die hervorgehende Ueberspekulation hervorgerufen worden war, begannen schon im Jahre 1897. Die kapitalschwachen Unternehmungen gingen zu Grunde. Am widerstandsfähigsten waren in der Zeit des geschäftlichen Niederganges und Stillstandes diejenigen Unternehmungen, welche bei Zeiten um das Rücklage- und Amortisationskapital Sorge getragen hatten. In Südrußland war im Durchschnitt der Jahre 1901—1909 das Grundkapital mit 28 % durch das Rücklage- und Amortionskapital gedeckt. Für die großen gemischten Werke war dieses Verhältnis viel höher: durchschnittlich etwa 60 %.[2]

In den Jahren 1897—1908 wurden 30[3] Unternehmungen mit einem Grundkapital von 73,7 Mill. Rbl.[4] stillgelegt. Die Größe der zusammengebrochenen Unternehmungen war, wie eben aus diesen Zahlen ersichtlich ist, verhältnismäßig sehr bescheiden. Es entfielen auf eine Unternehmung durch-

---

[1] Die Eisenindustrie in Südrußland 1910/1911 Tab. 31/22.
[2] Auf Grund d. Sammelb. „Die finanz. Lage".... Siehe S. 104 ermittelt.
[3] Darunter das Beliansk-Werk im Süden.
[4] Gliwitz, a. a. O. S. 104.

schnittlich kaum 2$^1/_2$ Mill. Rbl. Die Durchschnittsgröße aller Unternehmungen belief sich dagegen in jenen Jahren auf fast 5 Mill. Rbl.

## 8. Die Eisenindustrie nach der Krisis.

Die guten Ernten der Jahre 1909 und 1910 führten der russischen Volkswirtschaft neue Lebenskräfte zu. Es begann ein neuer Aufstieg. Sogar der unglückliche Ausfall der Ernte im Jahre 1911 konnte den mächtigen Aufschwung, welcher seit dem Jahre 1909 das wirtschaftliche Leben erfaßt hatte, nicht zurückhalten.

Auch die Lage der russischen Eisenindustrie hat sich schroff mit dem Jahre 1909 geändert. Die Erzeugung nahm einen standhaften uud starken Aufschwung, und zwar sowohl die Roheisengewinnung, wie die Herstellung von Flußeisen und Stahl. Es zeigen dies die folgenden Zahlen.

**Gewinnung von Roheisen, Flußeisen, Stahl u.s.w. im Reiche in 1000 Pud.[1])**

| Das Jahr | Roheisen | Flußeisen und Stahl | Fertige Erzeugnisse aus Eisen und Stahl |
|---|---|---|---|
| 1909 | 175,409 | 191,293 | 162,913 |
| 10 | 185,689 | 216,383 | 184,220 |
| 11 | 219,191 | 241,141 | 202,758 |

Die Nachfrage nach den Erzeugnissen der Eisenindustrie wuchs riesig an; und zwar aus folgenden Gründen.

Erstens machte der russische Maschinenbau, besonders der Bau von landwirtschaftlichen Maschinen und Geräten, große Fortschritte. Im Jahre 1904 wurden in Rußland nur für 9,6 Mill. Rbl. landwirtschaftliche Maschinen hergestellt. Im Jahre 1908 verdreifachte sich diese Summe und erreichte den Wert von 29,7 Millionen Rubel. Heutzutage ist der Wert schon über 40 Mill. Rbl.[2]) gestiegen, ungeachtet dessen, daß die Einfuhr sehr bedeutend ist.

---

[1]) Die Eisenindustrie in Südrußland 1911. Tab. 29.
[2]) Finanzanzeiger 1912. No. 41.

Zweitens entwickelten die Gemeindeverwaltungen, besonders die der Städte eine große Nachfrage nach Erzeugnissen der Eisenindustrie, da sie große Anlagen und Bauten vornahmen.

Drittens trat auch die Industrie im Ganzen und besonders die Naphtaindustrie als wichtiger Verbraucher von Eisenwaren auf.

Obwohl die russische Eisenindustrie in den letzten Jahren bedeutende Fortschritte gemacht hat, hat sich doch Rußlands Stellung in der Roheisengewinnung der Welt nicht dementsprechend geändert. Die Weltroheisengewinnung schreitet ebenfalls mit riesigen Schritten vorwärts. Der Rückgang, welchen die Jahre 1908 und 1911 aufweisen, ist fast ausschließlich durch die Vereinigten Staaten von Nordamerika verursacht gewesen.

Die Eisen weiterverarbeitende Industrie in Rußland hält nicht mehr Schritt mit der Roheisengewinnung. Ein Roheisenhunger entsteht. Die freien Vorräte schrumpfen zusammen. Die Roheisenvorräte betrugen am

| | | | |
|---|---|---|---|
| Ende des Jahres 1909 | 42,6 Mill. Pud. | | |
| „ „ „ 1910 | 28,2 „ „ | | |
| „ „ „ 1911 | 23,4 „ „ | | |

Am Ende des Jahres 1910 wurden nach St. Petersburg mehrere Zusammenkünfte einberufen, um die Frage der Versorgung mit Roheisen einer Untersuchung zu unterziehen. Es wurden Stimmen laut, besonders aus den Baltischen Provinzen, daß man das Roheisen zollfrei einlasse. Anfangs gewann die Meinung, daß der Vorrat in Rußland ausreichend ist, noch die Oberhand. Doch bald wurden die gegnerischen Forderungen immer ungestümer, bis am 18. Mai 1911 das Gesetz betreffend die begünstigte Einfuhr von 10 Mill. Pud. Gießerei-Roheisen erlassen wurde.

Unter der schnell anwachsenden Nachfrage im Lande stiegen die Preise.

Die Welteisengewinnung in Mill. Pud.¹) (Zur Seite 41)

| Staaten | 1902 | 1903 | 1904 | 1905 | 1906 | 1907 | 1908 | 1909 | 1910 | 1911 |
|---|---|---|---|---|---|---|---|---|---|---|
| Ver. Staaten v. Nordamerika | 1103,9 | 1116,6 | 1022,4 | 1425,5 | 1569,0 | 1599,2 | 988,5 | 1598,5 | 1692,5 | 1466,3 |
| Großbritannien | 528,1 | 546,3 | 530,7 | 594,8 | 629,3 | 165,5 | 576,2 | 599,2 | 633,4 | 635,8 |
| Deutschland | 512,9 | 615,7 | 616,8 | 670,8 | 750,5 | 769,5 | 721,2 | 788,6 | 903,1 | 948,4 |
| Frankreich | 148,2 | 172,6 | 183,1 | 187,8 | 202,6 | 219,1 | 207,0 | 221,7 | 246,2 | 275,2 |
| Rußland | 158,6 | 151,9 | 181,3 | 167,2 | 165,3 | 173,2 | 172,5 | 176,2 | 186,5 | 219,9 |
| Oesterr.-Ungarn | 87,1 | 81,9 | 97,7 | 94,0 | 96,0 | 109,2 | 119,2 | 118,9 | 122,7 | 129,6 |
| Belgien | 63,3 | 74,3 | 79,8 | 82,4 | 84,0 | 87,2 | 73,7 | 99,7 | 110,1 | 128,6 |
| Schweden | 32,9 | 30,9 | 31,0 | 32,9 | 36,4 | 36,8 | 34,4 | 27,0 | 36,9 | 38,7 |
| Zusam. mit den andern Staaten | 2706,9 | 2875,9 | 2812,5 | 3336,4 | 3622,5 | 3674,0 | 2940,9 | 3682,6 | 4020,8 | 3947,5 |
| Anteil Rußlands an d. Weltprod. in %/o | 5,9 | 5,3 | 5,2 | 5,0 | 4,6 | 4,7 | 5,9 | 4,8 | 4,6 | 5,6 |

¹) Die Eisenindustrie in Südrußland 1911, Tab. 23; zusammengestellt nach den Zeitschriften „Stahl und Eisen" „Echo des Mines", etc.

So betrugen z. B. die Preise auf der Charkower Steinkohlen und Eisenbörse[1]) in Kopeten das Pud.

| Im Dez. | Gießerei-Roheisen No. 1 ab Fabrik | Formeisen fracht-frei Charkoff | Träger u. Schwellen frl. Charkoff |
|---|---|---|---|
| 1909 | 45—47 | 120—130 | 120—145 |
| 1910 | 56—57 | 135 | 131—151 |
| 1911 | 73—78*) | 141—150 | 141—154 |

Die russischen Preise sind jetzt zum Teile wieder höher als die ausländischen.

Die Preise auf den ausländischen Märkten betrugen in Kopeten das Pud[3]).

| Am 30. Dez. 1911 | England Middlesbrough | Frankreich Meurthe et Moselle | Ver. St. v. N. Am. Pittsburg | Deutschland Düsseldorf | Belgien Charleroi |
|---|---|---|---|---|---|
| Gießerei-Roheisen | No. 1 41,4 | No. 3 46,4 | No. 2 43,5 | No. 1 53,6 | No. 3 43,9 |
| Formeisen | 106,4 | 103,7 | 84,0 | 102,6 | 87 |
| Träger und Schwellen | 98,8 | 122 Paris | 80,5 | 87,4-89,3 | |

Die Besserung der Eisenpreise übte eine Einwirkung auf die Kurse der Eisenaktien aus. Die Kurse der Aktien der Hütten stiegen.

Sie betrugen auf der Pariserbörse im Dezember:[4])

| | 1907 | 1908 | 1909 | 1910 |
|---|---|---|---|---|
| Dnieprovienne | 1401 | 1310 | 1110 | 1715 |
| Donez-Gesellschaft | 677,5 | 590 | 800 | 735 |
| Donez-Jurjewsk-Gesellschaft | 220 | 170 | 275 | 350 |
| Franko-Russe-Ges. | 380 | 390 | 385 | 471 |
| Russisch-Belgische-Ges. | 986 | 1102,5 | 1,28 | 1495 |
| Nikopol-Mariupolsche Gesellschaft | 175 | 135 | 130 | 370 |
| Brjansk-Gesellschaft | 278 | 274 | 297 | 356 |

[1]) Nach Bulletins der Börse.
[2]) Im Ural sind die Preise des Roheisens niedriger.
[3]) Zeitschrift für Bergbau und Eisenindustrie 1912 No. 2/3.
[4]) Zeitschrift für Bergbau und Eisenindustrie 1911 No. 4.

Auch im Jahre 1911 bleibt diese Neigung zur Kurs-
steigerung bestehen. Das Darniederliegen des Kapitalmarktes
war geschwunden. Die Kapitalien suchten wieder die Börsen-
werte auf. Neue Unternehmungen entstanden und die alten
wurden erweitert. Allein im Jahre 1911 wurden 23 Unternehmungen im Bergbau und Hüttenwesen mit einem Grundkapital von 45,88 Mill. Rbl. gegründet. Außerdem flossen in
demselben Jahre 28,5 Mill. Rbl.[1]) in die alten Unternehmungen
dieses Zweiges der Volkswirtschaft.

Es ist mit Ueberzeugung anzunehmen, daß die Eisenbahnbauten in der nahen Zukunft wieder zunehmen werden.

Die Baukommission der Regierung hat für den Zeitraum
1912—1917 27,540 Werst[2]) zu erbauen in Aussicht genommen.
Doch um den privaten Unternehmungsgeist mehr Spielraum
zu geben, müßte das veraltete Eisenbahnrecht und ebenso das
Recht der Aktiengesellschaften einer gründlichen Abänderung
unterzogen werden.

Das russische Eisenbahnnetz ist noch sehr wenig dicht;
es bedarf noch vieler Neubauten bis es dem westeuropäischen
an Dichtigkeit gleichkommen wird.

Im Jahre 1909 kamen auf 100 qkm.[3])

|  | Kilm. Bahnlänge |
|---|---|
| Belgien | 28,1 |
| Großbritannien und Irrland | 11,9 |
| Deutschland | 11,1 |
| Schweiz | 11,1 |
| Frankreich | 9,1 |
| Dänemark | 9,1 |
| Niederlande | 9,4 |
| Oesterreich-Ungarn | 6,5 |
| Italien | 5,9 |
| Ver. Staaten von Nordamerika | 4,1 |
| Rußland, europ. einschl. Finnland | 1,1 |

[1]) Zeitschrift für Bergbau und Eisenindustrie 1912 No. 16.
[2]) Zeitschrift für Bergbau und Eisenindustrie 1912 No. 23/24.
[3]) Statistisches Jahrbuch für das deutsche Reich 1911, S. 38.

Schon aus rein politischen und strategischen Gründen müßte Rußland mit allen Kräften den Eisenbahnbau zu fördern suchen. An der westlichen Grenze vom Niemen bis zur Donau (2600 Werst) laufen von der russischen Seite 13 Eisenbahnlinien mit 18 Geleisen aus, während von der anderen Seite 32 Linien mit 36[1]) Geleisen auslaufen. In der Kriegszeit gibt dieser Umstand den westlichen Nachbarn einen großen Vorsprung. Doch wie groß auch die Bedeutung der Eisenbahnbauten für die Erhaltung und Entwicklung der Eisenindustrie wäre, auf die Dauer muß der Eisenbahnbau zurücktreten an Bedeutung für die Gestaltung des Eisenbedarfes hinter den sonstigen Verwendungszwecken. Die Hauptaufgabe der Wirtschaftspolitik müßte es sein, die Kultur und den Wohlstand der Bauern zu heben, die 77% der Bevölkerung ausmachen.

[1]) Witte. Die Prinzipien a. a. O. S. 267.

## III.

## Die Fragen der Produktion und des Absatzes.

### 9. Die natürlichen Vorbedingungen.

Die unterirdischen Schätze des russischen Reiches sind noch in sehr ungenügendem Maße erforscht., Doch den erhaltenen Ergebnissen nach sind die Reichtümer an Eisenerz riesig groß. Die weiten Landräume Sibiriens und das Kaukasus bergen in ihrem Boden unermeßliche Schätze, doch fehlen alle Vorbedingungen ihrer Ausbeutung.

Im europäischen Rußland ist Eisenerz in folgenden Gebieten zu finden.

#### a. Der Ural.

Dieses Gebiet umfaßt die Gouvernements Perm, Ufa, Wjatsk und Orenburg. Man findet hier fast alle Arten der Eisenerze vor. Der Magneteisenstein und der Brauneisenstein sind am meisten verbreitet, dann aber findet man hier auch in geringer Menge den Roteisenstein, Eisenglanz, Sphärosiderit, Spateisenstein und in den Gouvernements Perm und Orenburg auch Chromeisenerze.

Die wichtigsten Eisenerzlager im Ural sind folgende: 1. Der Berg Blagodatj im Gouvernement Perm. Der Vorrat des hier lagernden Magneteisensteins mit 42—65% Reingehalt übersteigt eine $\frac{1}{2}$ Milliarde Pud. Die Erzlagen sind an der östlichen Seite des Berges gelegen. 2. In demselben Gouvernement findet sich der Berg Wysokaja; auch er enthält Magneteisenstein mit bis zu 65% metallischem Eisen. Der Vorrat wird auf $\frac{1}{3}$ Milliarde berechnet. 3. Ferner ist in demselben Gouvernement auch das Magnetgebirge gelegen. Es besteht

aus mehreren einzelnen Bergen und enthält außer dem Magneteisenstein auch umfangreiche Lager von Eisenglanz und Roteisenstein. Man schätzt diese Vorräte auf 2 $^1/_2$ Milliarden Pud.
4. Im Gouvernement Ufa befindet sich das Bakal-Erzlager,
welches Brauneisenstein mit 60% Feingehalt enthält. Außerdem findet man hier in kleineren Mengen Spateisenstein.
Die Vorräte betragen hier 1,6 Milliarden Pud. 5. Außer diesen
riesigen Erzlagern gibt es noch mehrere kleinere. Bemerkenswert sind die Lagerstätten von Auerbach, Woronzoff und Kutim
und die Sphärosideritlager in den Gouvernements Wjatka,
Wologda-Perm. Prof. B o g d a n o w i t s c h[1]) berechnet die
Eisenvorräte im Ural auf 17 Milliarden Pud. mit 8,28 Milliarden Pud. reinem Eisen.

Bis zur zweiten Hälfte des XIX. Jahrhunderts war der
Ural fast das einzige Eisenindustriegebiet. Doch ungeachtet
des Reichtums an Erz und seiner geschichtlichen Rolle, ist
der Ural zur Zeit für eine. moderne Großindustrie noch wenig
geeignet.

Erstens hat der Ural keine, oder nur sehr geringe
Mengen der Verkokung fähige Steinkohle. Die Verhüttung
der Erze geschieht fast ausschließlich mit Holzkohlen. Selbst
wenn man annehmen wollte, daß dieser Umstand der Entwicklung der Eisenindustrie keine Hindernisse in den Weg
legte, so wären doch die Forstwirtschaft und die Verkohlungs-
methode gründlich umzugestalten. Koks wird in geringen
Mengen aus dem Donezbecken bezogen. Mit der Zeit wird
der Ural den Koks aus Sibirien, nämlich aus der Kirgisen-
steppe oder aus dem Kusnezowschen Gebiet erhalten können.

Zweitens ist das Eisenbahnnetz im Ural wenig entwickelt.
Im Gouvernement Perm kommen auf eine Quadrat-Werft
5,1 Werft, in Wjatka 4,4 Werf und in Orenburg 3,5 Werft[2])
Eisenbahnen. .

Drittens wirken die Bedingungen des Besitzes hemmend
auf die Entwicklung der Eisenindustrie. Das Besitzrecht

---

[1]) Sammelwerk. The Jron Resonrces of the World.
[2]) Mitinsky. — Bergbau und Hüttenwesen im Ural. S. 95.

(Possessionsrecht) an den Werken nebst den dazugehörigen ausgedehnten Grund und Boden beruht nämlich auf Verleihung von seiten der Regierung. Die Veräußerung derselben ist nicht möglich. Ein Uebergang zum neuen Betriebe, wie auch die Erlaubnis zur Bewirtschaftung der Waldungen ist von einer vorhergehenden Genehmigung der Regierung abhängig. Viertens. In Zusammenhang hiermit steht die Arbeiterfrage. Im Ural gibt es Ueberfluß von Arbeitern. Sie belasten die Industrie schwer, weil sie auf Grund der Ueberlieferung die Vorstellung hegen, daß der Bergbau, wie die Eisenindustrie sie ernähren müßten.

Fünftens kommt als Hemmnis einer Entwicklung der Eisenindustrie im Ural in Betracht der niedrige Stand der Technik und ihr Verharren auf der hergebrachten Stufe. Noch in den 70er Jahren kannte man im Ural die Erhitzung des Windes nicht.

Die hochadeligen Besißer der uralischen Eisenwerke interessierten sich wenig für die Entwicklung der Industrie. Es gab im Ural keine Wege, es fehlten Spezialitäten der Produktion, die Hüttenbesißer hatten keine Kenntnis des Marktes. Nicht selten haben sie Raubwirtschaft getrieben: Die Waldungen ausgerottet und das Erz vergeudet.

Diese und andere Gründe haben dazu beigetragen, daß dieses Gebiet aus seiner früheren behauptenden Stellung vom südrussischen vollständig verdrängt wurde.

### b. Südrußland.

Das ganze südrussische Gebiet kann man in 4 Untergebiete teilen: 1. Die Lagerstätten von Krivoi-Rog; 2. Das Donezbecken; 3. Die Halbinsel Kertsch; 4. Die Lagerstätten von Korsak-Moghila. Die Lägerstätten von Krivoi-Rog sind an der Grenze der Gouvernements Jekaterinoslaff und Cherson, an den Flüssen Inguleß und dessen Nebenflüssen Saksagon und Scheoltaja gelegen. Das Eisenerz besteht hier aus Rot- und Magneteisenstein mit 50—70% reinem Eisen. Der Vorrat wird auf $5^1/_4$—$5^1/_3$ Milliarden Pud berechnet.[1]

---
[1] Die Eisenerzindustrie in Südrußland 1910 S. 19.

Das Donezbecken ist verhältnismäßig arm an Erzen, Bemerkenswert sind die Lagerstätten in den Kreisen von Bachmut und Slawjanoserbsk. Hier findet man Brauneisenstein und hie und da auch Spateisenstein mit $35-40\,^0/_0$ Fe. Große Hoffnungen für die südrussische Eisenindustrie bieten die Eisenlager von Kertsch. Das Erz besteht aus Reineisenstein mit $5-7^0/_0$ Mangan, bis $2^1/_2\,^0/_0$ Phosphor und $34-42\,^0/_0$ reinem Eisen und ist in Flößen von $6-15$ Arschin Mächtigkeit gelagert. Da das Erz bei der Gewinnung zerbröckelt, so muß es von der Verhüttung in Presssteine verarbeitet werden. Die Vorräte sind sehr groß, das statistische Amt der Bergindustriellen im Süden berechnete die erforschten Lager im Jahre 1909 auf 31,5 Milliarden Pud. Professor Bogdanowitsch nimmt eine kleinere Menge an, nämlich $27^1/_2$ Milliarden Pud. Für die ist dieses Erz nicht geeignet, weil es sich nicht auf längere Strecken versenden läßt. Aber von den Eisenhütten der Nachbarschaft, also den Eisenhütten von Kertsch, Nikopol-Mariupol, Taganrog und vom Eisenwerke Franko-Russa wird es mit Erfolg benußt.

Die Lagerstätten von Korsak-Moghila befinden sich im Gouvernement Taurien, Kreis Berdjansk; das Eisenerz-Magneteisenstein, Roteisenstein und Eisenglanz sind von hoher Güte und enthalten $66-67\,^0/_0$ reines Metall. Die Ausbeutung wird hier durch die Russisch-belgische Gesellschaft betrieben.

Die jährliche Ausbeute dieser 4 Gebiete ist sehr verschieden und entspricht nicht den Eisenerzvorräten jedes einzelnen. Es lieferte:

| | Zusammen in 10 Jahren 1901—1910[1]) | $^0/_0$ | 1911[2]) |
|---|---|---|---|
| Das Gebiet Krivoi-Rog | 1850442 | 90,58 | 287,918 |
| Halbinsel Kertsch | 168371 | 8,24 | 18,144 |
| Donezbecken | 18929 | 0,93 | Seit Ende 1909 |
| Korsak-Moghila | 5130 | 0,25 | keine Ausbeute |
| Im ganzen in Südrußland | 2042872 | 100,00 | 306062 |

[1]) Die Eisenerzindustrie in Südrußland S. 8, 1910.
[2]) Zeitschrift für Bergbau und Eisenindustrie 1912 No. 22.

Besonders in Anspruch genommen wird das Gebiet von Krivoi-Rog. Es liefert über 90 % der ganzen Ausbeute. Man schreitet hier mit Riesenschritten dem völligen Abbau entgegen.

Nach der Einstellung der Ausbeutung der Erzgruben in Krivoi-Rog und weil das Eisenerz von Kertsch wenig versendungsfähig, ist könnten die Eisenhütten von Südrußland das Eisenerz vom Ural beziehen. Nach der Berechnung von Brandt und Bilim-Kolosowsky würde dies, d. h. die Verhüttung des uralischen Eisenerzes mit südrussischer Steinkohle, die Herstellungskosten von Roheisen um 5—9 Kop. für das Pud. erhöhen.

Im Süden ist das Schienennetz im Vergleiche mit dem Ural stark entwickelt. Im Gouvernement Jekaterinoslaff kommen auf eine qu. Werft 36,8 Werft und im Lande der donschen Kosaken 12,9 Werft[1]) Eisenbahnen.

## c. Polen.

In Polen war die Eisenerzeugung schon im 13. Jahrhundert bekannt, daher ist die Eisenindustrie als die älteste Industrie des Landes zu betrachten.

Die natürlichen Vorbedingungen Polens sind nicht die glücklichsten. Dieses Gebiet bleibt in wirtschaftlicher Abhängigkeit von den andern Gebieten und vom Auslande, weil es nicht seinen eigenen Rohstoff in genügender Beschaffenheit und Menge besitzt.

Die dortige Steinkohle ist nämlich nicht zur Verkokung brauchbar, deshalb wird der Koks aus dem Ausland oder dem Donezbecken bezogen. Auch das Eisenerz ist nicht reichhaltig genug, um eine Großindustrie mit seiner Hilfe allein begründen zu können. Es werden große Mengen von Eiseenerz aus Krivoi-Rog bezogen.

Die reichsten Erzlagerstätten sind in den Gouvernements Radom und Keletz zu finden. Auf diesem Bezirk beschränkte

---

[1]) Mitinsky. Bergbau a. a. O. S. 95

sich die Eisenindustrie Polens bis zu den 90er Jahren. Die Verhüttung geschah mit Hilfe von Holzkohlen. Außerdem gibt es noch reiche Erzlagerstätten in dem Gouvernement Petrokowsk, Kreise Tschenstochowo und Bendin. In diesem Gouvernement sind die meisten Erzgruben gelegen. Das Eisenerz besteht aus Brauneisenstein, Sphärosideriten und Spateisenstein mit einem Metallgehalt von 21—37 %. Im Bezirk von Tschenstochowo ist die obere Schicht, welche aus Sphärosideriten besteht, schon abgebaut und man geht zum Abbau der tieferen Schichten über, welche aus Spateisenstein bestehen.

Ueberhaupt ist das Eisenerz Polens sehr arm an metallischem Eisen; es wird darum diesem Erz reichhaltigeres Erz von Krivoi-Rog vor der Verhüttung beigemischt. Auf die Entwicklung der Eisenindustrie in Polen sind eine Reihe von Einflüssen von besonderer Wirksamkeit gewesen. Zuerst hat bis auf die 70er Jahre des 19. Jahrhunderts in der gewerblichen Entwicklungsgeschichte Polens die polnische Bank eine wichtige Rolle gespielt. Sie griff tatkräftig auf allen Gebieten des Gewerbefleißes ein. Die Eisenhütten von Ostrowetz und die Huta Bankowa legen davon Zeugnis ab. Diese Hütten verdanken der Bank das Aufrechterhalten ihrer Existenz und ihr Gedeihen.

Ferner wurde im Jahre 1851 die innere Zollgrenze zwischen Polen und Rußland, welche im Jahre 1819 errichtet worden war, aufgehoben. Der polnischen Industrie wurde aber durchaus ein riesiges Absatzgebiet eröffnet.

Weiter wurde im Jahre 1870 in Polen die Bergfreiheit erklärt; Die ersten Bahnbrecher auf dem freigewordenen Boden waren hauptsächlich Ausländer. So strömte viel ausländisches Kapital der polnischen Eisenindustrie zu.

Endlich wurde im Jahre 1885 die Jwangorod-Pombrowo Eisenbahnlinie erbaut. Diese Linie brachte den Bergwerken des östlichen Teils mit den Lagerstätten von Steinkohle im Westen in Verbindung. Der Schwerpunkt der Roheisen-

gewinnung verschob sich nach Westen, nach dem Steinkohlenbecken von Sosnowici und Dombrawo. In diesem Bezirk sind
heute alle großen Eisenwerke Polens gelegen. Diese Hütten
arbeiten mit ausländischem Koks und erzeugen hauptsächlich
Roheisen und Stahl. Jeder Hütte ist eine Maschinenfabrik
angegliedert. Die Eisenerzvorräte werden in Polen auf
$18^1/_2$—37 Milliarden Pud. geschätzt.

### d. Mittelrußland.

Auch im mittleren Rußland wird schon seit Jahrhunderten
das Eisenerz bearbeitet. Im Gouvernement Tula wurden die
ersten Eisenwerke in Rußland unter dem Zaren Alexei
Michailowotsch gegründet. Heutzutage hat dieses Gebiet
jedoch für die russische Eisenindustrie fast keine Bedeutung
mehr. Dieses Gebiet umfaßt 10 Gouvernements. Die Eisenerze Brauneisenstein und Sphärosiderit sind arm an metallischem Eisen und enthalten Phosphor. Die wichtigsten Lagerstätten sind folgende:

1. In der Gegend von Lipetzk, Gouvernement Tamboff
findet man Brauneisenstein mit 52 % Feingehalt. Die Vorräte dieses Gebietes berechnet Professor Bogdanowitsch auf
41,5 Millionen Pud.

2. Im Gouvernement Orel, Kreis Kromsk befinden sich
Spateisensteinlager mit 43 % reinem Eisen.

3. Im westlichen Teile des Donezbeckens sind mehrere
Lagerstätten zerstreut. Der Vorrat in allen diesen Unter-
gebieten wird von Bogdanowitsch auf 48,1 Millionen Pud.
beziffert. Diese großen Mengen haben aber keine wirtschaftliche Bedeutung, weil die Lagerstätten auf riesigen Landstrecken
zerstreut sind. Es ist auch zu bemerken, daß dieses Gebiet
noch sehr oberflächlich untersucht ist. Zuvor finden sich
auch Steinkohlen, doch sind sie nur zu Heizungszwecken zu
gebrauchen.

### e. Der Norden und Finnland.

Im Norden sind mehrere Lagerstätten von Magneteisenstein und Eisenglanz bekannt; doch sind sie noch zu keiner wirtschaftlichen Bedeutung gelangt. Deneben finden sich Eisenerze in großen Mengen in den sumpfigen Gegenden und in den Seen; diese werden als Raseneisenerz ausgebeutet. Auch dieses Gebiet ist noch wenig erforscht.

Ungeachtet des Reichtums an Eisenerzen, der riesigen Waldungen und der günstigen allgemeinen wirtschaftlichen Lage dieser Gegend, kommt die Eisenindustrie dieses Gebietes doch nicht zum Gedeihen, obwohl sie hier mehr als 200 Jahre alt ist. Der wichtigste Grund dafür ist der hohe Zoll auf Steinkohle.

Mit der Einführung der Elektrizität zu metallurgischen Zwecken könnte der Norden riesige Mengen von Eisen erzeugen. Aehnlich verhält es sich mit Finnland.

Auch die finnische Eisenindustrie weist keine Entwicklung auf. Die Verhüttung geschieht mit Holzkohle. Das Erz wird fast ausschließlich aus den Seen gewonnen.

---

Man würde keinen großen Fehler machen, wenn man die Eisenvorräte des europäischen Rußlands auf 120 Milliarden Pud. veranschlagen würde.

Doch die Reichtümer Rußlands sind damit lange noch nicht erschöpft. Die weiten Ländereien von Sibirien und dem Kaukasus müssen auch in Betracht gezogen werden.

Sibirien. In Sibirien hat man an vielen Stellen Eisenerz entdeckt. Es fehlt an einer gründlichen Erforschung. Von Bedeutung ist das Kusnezowsche Steinkohlenbecken im Gouvernement Tomsk, wo man neben guter verkokungfähiger Kohle auch gutes Eisenerz entdeckt hat.

Der Kaukasus. Im Kaukasus sind Eisenerze in den Gouvernements Jelisowetpol, Kutaïs und Tiflis entdeckt worden. Bis jetzt sind die Lagerstätten noch wenig erforscht.

Es wäre noch von Interesse, die Entwicklung der Ausbeute in den verschiedenen Revieren zu verfolgen.

**Die Eisenerzausbeute in Rußland 1000 in Pud.[1])**

| | 1870 | 1880 | 1890 | 1895 | 1900 | 1905 | 1910 |
|---|---|---|---|---|---|---|---|
| Der Ural | 28504 | 38359 | 56268 | 74151 | 101298 | 82671 | 72100 |
| Zentralrußland | 8738 | 8863 | 12273 | 10244 | 23606 | 10014 | 7741 |
| Polen u.Gouv.Wilna | 6657 | 9005 | 13395 | 22076 | 29529 | 16165 | 10590 |
| Südrußland | 1327 | 2712 | 22997 | 59117 | 210071 | 188721 | 252927 |
| Der Norden | 278 | 712 | 571 | 1023 | 2092 | 501 | .319 |
| Finnland | 2682 | 2292 | 3125 | 3960 | 5445 | 2854 | — |
| Sibirien | 492 | 521 | 760 | 1362 | 578 | 494 | 500 |
| Der Kakasus | — | — | 232 | 305 | 215 | 52 | — |
| Zusam. in Rußland | 48679 | 62493 | 109622 | 172238 | 372836 | 301473 | 344177 |

## 10. Die Produktionsverhältnisse der russischen Bergbau- und Eisenindustriereviere.

### a. Die Fortschritte der Technik.

Mit dem Aufkommen des modernen Großbetriebs hat die Ausstattung der Eisenhütten und die Bebriebstechnik eine gründliche Umgestaltung erfahren.

Die Holzkohle wird allmählich durch Koks verdrängt; nur im Ural, wo der Koks schwer zugänglich ist, hat sie sich noch in der Roheisengewinnung erhalten.

Die Zahl der Hochöfen, welche mit Kaltblasen arbeiten, wird immer kleiner. Die durchschnittliche Erzeugung eines Hochofens wächst an und erreicht in einigen Unternehmungen eine riesige Größe. Die folgende Tabelle läßt dies ersehen.

---

[1]) Die Eisenerzindustrie iu Südrußland 1910 S. 76.

### Entwicklung der Hochofenindustrie im Russischen Reiche.[1]

| Im Durch-schnitt der Jahre | Zahl der Hochföen in Betrieb u. Ausbesserung | | | Durchschnitt-liche Erzeu-gungsfähig-keit ein. Hoch-ofens in 1000 Pud. im Jahre. | Von d. Gesamterzeugung v. Roheisen entfielen auf: | | |
|---|---|---|---|---|---|---|---|
| | Zusammen im Reiche | mit kaltem Gebläse % | mit erhitztem Gebläse % | | Holz-kohle % | Stein-kohle % | Gemischt % |
| 1881—1885 | 198 | 50 | 50 | 151 | 90,8 | 8,8 | 0,4 |
| 1886—1890 | 202 | 36 | 64 | 210 | 74,1 | 22,9 | 3,0 |
| 1891—1895 | 228 | 25 | 75 | 320 | 37,2 | 40,0 | 2,8 |
| 1896—1900 | 276 | 17 | 83 | 504 | 36,8 | 56,5 | 6,7 |
| 1901—1905 | 241 | 10 | 90 | 691 | 29,6 | 67,8 | ·2,6 |
| 1906 | 213 | 8 | 92 | 770 | 26,6 | 64,3 | 9,1 |
| 1907 | 209 | 9,5 | 91,5 | 871 | 24,9 | 73,6 | 1,5 |
| 1908 | 184 | 8 | 22 | 932 | — | — | — |

Diese Tabelle spricht deutlich genug, wie groß und bedeutungsvoll die technischen Fortschritte sind, welche die russische Hochofenindustrie im Laufe von kaum 30 Jahren gemacht hat.

Die technischen Entwicklungsbedingungen der einzelnen Eisenindustriegebiete sind sehr verschieden. Um einen klaren Einblick in die Entwicklung zu gewinnen, ist es von Wichtigkeit, die Entwicklung dieser Gebiete im einzeln zu verfolgen.

---

[1] Nach den Angaben des Gelehrten Bergkomitees auf Grund der Tabellen von Dehn zusammengestellt.

## Technische Entwicklung der drei Hauptgebiete.[1]

| | 1890 | | | 1900 | | | 1909 | | |
|---|---|---|---|---|---|---|---|---|---|
| | Südruß-land | Ural | Polen | Südruß-land | Ural | Polen | Südruß-land | Ural | Polen |
| Zahl der Eisenwerke | 9 | 111 | 50 | 29 | 115 | 40 | 21 | 95 | 15 |
| Zahl d.Arb.i.d.Eisenindustrie | 13552 | 142241 | 7441 | 53413 | 172095 | 17494 | 53357 | 176000 | 15354 |
| Zahl d.Arb.auf ein Eisenwerk | 1505 | 1281 | 149 | 1841 | 1496 | 437 | 2541 | 1540 | 1025 |
| Zahl der Pferdekräfte | 13768 | 14966 | 8206 | 178605 | 28013 | 28089 | 168072[2] | 47793[3] | 35584[3] |
| Zahl der Pferdekräfte auf eine Unternehmung | 1530 | 135 | 164 | 6159 | 244 | 714 | 8003[3] | 478[3] | 2222[3] |
| Zahl d. Pferdekraft auf 1 Arb. | 1,02 | 0,11 | 1,10 | 3,34 | 0,16 | 1,60 | 3,23[3] | 0,33[3] | 2,43[3] |
| Roheisengewinn.in 1000 Pud | 13418 | 27704 | 7768 | 91550 | 50157 | 18220 | 122879 | 34914 | 13166 |
| „ „ auf 1 Arbeiter | 990 | 194 | 1044 | 1714 | 297 | 1041 | 2321 | 240 | 858 |
| Zahl d. Hochöfen im Betrieb | 14 | 107 | 30 | 45 | 138 | 32 | 46 | 77 | 10 |
| Durchschnittl.Leistungsfähigkeitein.Hochof.in 1000 Pud | 958 | 259 | 259 | 2035 | 342 | 570 | 2670 | 453 | 1317 |
| Zahl der Martinöfen | 19 | 12 | 11 | 60 | 42 | 35 | 75 | 63 | 33 |
| Durchschn. Leistungsfähigk. | 24000 | 47000 | 306000 | 566000 | 369000 | 514000 | 916000 | 556000 | 648000 |
| Zahl d. Bessmer Koverter | 2 | 4 | — | 23 | 4 | 1 | 30 | 7 | 4 |
| Durchschnittliche Leistungsfähigkeit in 1000 Pud | 1206 | 482 | — | 1563 | 730 | — | 1128 | 219 | — |

[1]) Glivitz a. a. O. S. 114. — [2]) [3]) Für das Jahr 1908.

Wie dieser Tabelle zu entnehmen ist, weisen die Hochöfen im Süden die größte durchschnittliche Leistungsfähigkeit
auf. Die zweite Stelle nimmt Polen und die dritte der Ural
ein, wobei im Jahre 1909 ein Hochofen in Südrußland die
2 fache Menge von Roheisen eines Hochofens in Polen und
die 6 fache eines im Ural erzeugte.

Die Hochöfen der Werke von Mittelrußlaud und den
Grenzgebieten des Reiches stehen in technischer Hinsicht noch
hinter denen des Ural zurück. Im Jahre 1908 war die durchschnittliche Leistungsfähigkeit eines Hochofens in Mittelrußland
etwa 200,000 Pud., im Norden 150,000 Pud. und in Finnland
und Sibirien nicht volle 100,000 Pud. im Jahre.

Einzelne Hütten und Hochöfen weisen eine viel größere
Leistungsfähigkeit auf.

| Im Jahre 1908 | Roheisen-gewinn | Zahl d. Hoch-öfen | Durchschnittl. Leistungs-fähigkeit in 1000 Pud | Von der Gesamt-erzeugung des betreff. Gebietes entfallen a. d. genannt. Werke % |
|---|---|---|---|---|
| **A. Steinkohlenbetrieb** | | | | |
| a. Südrußland | | | | |
| dniegrovienne | 16383596 | 5 | 3275 | } 27,4 |
| Petrowski Werk | 15985238 | 4 | 3996 | |
| b. Polen | | | | |
| Huta Bankowa | 4389194 | 2 | 2195 | 35,6 |
| **B. Holzkohlenbetrieb** | | | | |
| a. Ural | | | | |
| Nadeschdinsk-Werk | 3992675 | 4 | 999,8 | } 13,6 |
| Nische-Saldink-Werk | 1850397 | 4 | 462 | |
| b. Mittelrußland | | | | |
| Werchne-Wiksunsk-Werk | 1,151,865 | 2 | 576 | 20,9 |

Hinsichtlich der Größe der Hüttenwerke nimmt Südrußland
ebenfalls die erste Stelle ein.

Hier erzeugt ein Hüttenwerk fast die Hälfte von dem,
was alle 68 Hütten des Urals, mehr als alle 6 Hütten in Polen

[1]) Nach den Angaben. d. stat. Jahrb. d. Gelehrten Bergkomitees
1908 zusammengestellt.

und bei weitem mehr als alle Hüttenwerke der übrigen Gebiete (Mittelrußland 19, der Norden 4, Finnland 8 und Sibirien 2) Hüttenwerke zusammen.

In den nächstfolgenden Jahren gestaltet sich die Roheisengewinnung der Hüttenwerke im Süden, wie folgt:

| Hüttenwerke[1] | | 1909 | 1910 | 1911 |
|---|---|---|---|---|
| Hughes- | Werk | 13085215 | 13349064 | 15644390[2]) |
| Dniegrovienne- | » | 20324477 | 17273089 | 18975455 |
| Alexander- | » | 16653803 | 16055755 | 20853970 |
| Petrowsk- | » | 15789810 | 14858570 | 16706694 |
| Donez-Jurjewka- | » | 14704943 | 14441609 | 14652003 |
| Drüschkowsk- | » | 5958884 | 6744739 | 9535579 |
| Taganrog- | » | 6680660 | 6615500 | 6701300 |
| Gdanzewsk- | » | 1891540 | 3800295 | 3724514 |
| Nikopol-Mariupol- | » | — | — v.Juli | 1542328 |
| Olchowsky- | » | 3019581 | 3357902 | 5503706 |
| Sulinsk- | » | — | — v.Dez. | 158588 |
| Providenza-Russo | » | 8626989 | 8534128 | 10141518 |
| Makejewka | » | 6553083 | 7146482 | 6538553 |
| Kramatorowsk- | » | 5334826 | 7395498 | 9713799 |
| Kadiewsk- | » | 4250085 | 6811948 | 7467094 |

Das sind alles Riesenwerke. Auch damals ist noch nicht die volle Leistungsfähigkeit der Hochöfen ausgenützt worden. Die Industriellen machen viel höhere Angaben über die Leistungsfähigkeit der Hütten, z. B.

Im Jahre 1911 für das Hughes-       Werk 30 Mill. Pud.

»      »      »      »      » Alexander      » 24 »      »

»      »      »      »      » Dieprovienne      » 22 »      »

Auch die durchschnittliche Leistungsfähigkeit des Martinofens ist in allen 3 angeführten Gebieten riesig gestiegen, wogegen die durchschnittliche Leistungsfähigkeit des Beßmer-Konverter einwenig zurückgegangen ist. Der letzte Umstand

---

[1] Kertsch- und Werchne-Dieprowskwerk standen außer Betrieb.
[2] Die Eisenindustrie in Südrußland. 1909, 1910, 1911.

ist durchaus zu erklären, da das Beßmern allmählich auf-
gegeben wird.

Die durchschnittlich auf einen Arbeiter entfallende
Erzeugnismenge ist im Süden beinahe 10 mal so groß, wie
im Ural. Dies ist dadurch zu erklären, erstens daß im Ural
viele Arbeiter mit Nebenarbeiten, wie Versorgung der Hütten
mit Holzkohle u. s. w. beschäftigt sind; zweitens, das die
Maschinen im Süden eine viel größere Anwendung gefunden
hatte als im Ural.

Der Rückgang, der durchschnittlichen auf einen Arbeiter
entfallenden Erzeugnismenge, wie es sich aus unseren Zahlen
für Polen ergibt, ist durch die gleichzeitige Verringerung
der Zahl der im Bezirk befindlichen Hochöfen zu erklären.
Bei der Ermittelung der Durchschnittszahl ist hier nicht ganz
korrekt, die Zahl der erzeugten Roheisenmenge durch die
Gesamtzahl der in der Eisenindustrie beschäftigten Arbeiter
geteilt worden.

Der Verhältnis der Handarbeit zur angewendeten mecha-
nischen hat sich bedeutend verschoben. In einer Zeit von
18 Jahren ist die Zahl der Dampfpferdekräfte im Verhältnis
zur Zahl der Arbeiter durchschnittlich für diese drei Gebiete
um das dreifache gestiegen.

Auf mehreren Werken werden die Abgase zum Betrieb
von Gaskraftmotoren verwendet. In Südrußland arbeiteten
im Jahre 1911 21 solche Motoren mit 23050 Pferdekräften.

Im Süden wird auch in großem Umfange mit Elektrizität
als Betriebskraft und zur Beleuchtung angewendet. Im Jahre
1911 betrug die Kraft des elektrischen Stromes 117,395,326 Kilow.;
zu metallurgischen Zwecken hat die Elektrizität in Südrußland
noch keine Anwendung gefunden.

### b. Die Produktion und die Gestehungskosten.

Ueber die Entwicklung der gesamten Roheisengewinnung
im Reiche sind schon früher Zahlenangaben gemacht worden.

Hier seien die Zahlen für die einzelnen Gebiete mit-
geteilt und zugleich ihre verhältnismäßige Bedeutung hervor-
gehoben.

m. 1000 Pud.¹)

| | 1902 | 1903 | 1904 | 1905 | 1906 | 1907 | 1908 | 1909 | 1910 | 1911 |
|---|---|---|---|---|---|---|---|---|---|---|
| Südrußland | 84272 | 83454 | 110641 | 103094 | 102006 | 111074 | 117415 | 122878 | 126385 | 147747 |
| % z. Gesamterz. | 53,84 | 55,60 | 61,47 | 62,28 | 13,13 | 64,58 | 68,64 | 70,10 | 68,09 | 67,44 |
| Ural | 44384 | 40379 | 40110 | 41094 | 38214 | 38511 | 35837 | 34916 | 39071 | 44871 |
| % z. Gesamterz. | 28,36 | 2690 | 22,28 | 24,82 | 23,27 | 2239 | 20,95 | 19,92 | 21,05 | 20,48 |
| Polen | 17235 | 18796 | 22816 | 15379 | 18453 | 17387 | 12793 | 13165 | 15300 | 21159 |
| % z. Gesamterz. | 11,01 | 12,52 | 12,68 | 9,29 | 11,24 | 10,11 | 7,48 | 7,51 | 8,24 | 9,66 |
| Mittelrußland | 8525 | 5970 | 5633 | 5183 | 5253 | 4807 | 4908 | 4226 | 4694 | 5222 |
| % z. Gesamterz. | 5,45 | 3,98 | 3,13 | 3,13 | 3,20 | 2,79 | 2,86 | 2,41 | 2,53 | 2,40 |
| Norden | 2082 | 1497 | 790 | 784 | 261 | 273 | 638 | 110²) | 145²) | 76²) |
| % z. Gesamterz. | 1,34 | 1,00 | 0,44 | 0,48 | 0,16 | 0,13 | 0,07 | 0,06 | 0,09 | 0,02 |
| Sibirien | 317 | 390 | 326 | 275 | 174 | 255 | 149 | 114 | 94 | 116 |
| Finnland | 1803 | 1393 | 986 | 1367 | 967 | 922 | 716 | 750 | 750 | 750 |

¹) Nach den Tabellen der „Eisenindustrie in Südrußland 1911 zusammengestellt. — ²) Ohne das Putiloff-Werk.

Alle übrigen Gebiete weisen einen verhältnismäßigen Rückgang gegenüber dem Süden auf, weil die Erzeugungs- und Absaßverhältnisse sich dort am günstigsten gestaltet haben.

Im Norden hat die Roheisengewinnung jede Bedeutung verloren.

Auch in Sibirien weist die Eisenindustrie keine Entwicklung auf. Im Durchschnitt der Jahre 1901—1910 machte die Roheisengewinnung Sibiriens 0,13 % der gesamten Roheisengewinnung im Reiche aus. Die zwei sibirischen Eisengebiete: das West- und Ostsibirische sind ungleich an diesem Anteil beteiligt: das westsibirische Gebiet erzeugt 75 % davon.

Die ganze Roheisengewinnung Finnlands überstieg seit dem Jahre 1905 nicht 1 Mill. Pud.

$^2/_3$ des im Reiche gewonnenen Roheisens wird gleich in den Eisenwerken verarbeitet, sodaß nur $^1/_3$ auf den Markt kommt. Die Hauptabnehmer von Roheisen sind: Mittelrußland, Polen der Norden und das Nordwestgebiet.

Demgemäß verschiebt die verhältnismäßige Größe der Herstellung von Halbzeug und fertigen Erzeugnissen für die einzelnen Gebiete.

Im Jahre 1911 waren die verschiedenen Gebiete an der Gesamtherstellung der genannten Erzeugnisse im Reiche wie folgt, beteiligt.[1]

| | Südrußland | Ural | Polen | Mittelrußland | Norden u. Nordwestg. | Sibirien |
|---|---|---|---|---|---|---|
| Halbzeug in 1000 Pud | 130432 | 47988 | 27867 | 21291 | 13480 | 83 |
| % z. Gesamterzeugung | 59,9 | 18,9 | 11,5 | 9,1 | 5,6 | 0,03 |
| Fertige Erzeugnisse 1000 Pud | 112743 | 37172 | 22619 | 16985 | 13183 | 55 |
| % z. Gesamterzeugung | 55,6 | 18,3 | 11,2 | 8,4 | 6,5 | 0,03 |

[1] Nach den Angaben der „Eisenindustrie in Südrußland 1911 zusammengestellt.

Auf den Markt kommt das Halbzeug in sehr geringen Mengen, durchschnittlich $4^1/_2$ Mill. Pud. jährlich.

Der Haupterzeuger von Formeisen, der wichtigsten Marktware, ist der Süden, dann folgen Polen, der Ural, Mittelrußland und der Norden. Träger, Schwellen und Eisenbahnschienen werden fast ausschließlich in Südrußland gewalzt.

Im Jahre 1911 beteiligte sich Südrußland mit den verschiedenen Eisensorten an der Gesamterzeugung im Reiche wie folgt.[1]

| | Gesamterzg. im Reiche in 1000 Pud | Erzeugung in Südrußland in 1000 Pud | Gesamterzeugung % z. |
|---|---|---|---|
| Träger u. Schwellen | 16555 | 14924 | 90,15 |
| Eisenbahnschienen | 31005 | 23254 | 75,00 |
| Formeisen | 73550 | 33961 | 46,29 |
| Walzdraht | 14966 | 8619 | 57,59 |
| Bleche u. Stabeisen | 22997 | 13034 | 56,68 |
| Dacheisenblech | 20680 | 5170 | 25,00 |

Der Ural ist zur Zeit noch der Hauptproduzent von Dacheisenblech, obwohl auch auf diesem Gebiete Südrußland harte Konkurrenz bereitet.

Im Norden wird hauptsächlich Walzdraht hergestellt, weil dort die größten Stift- und Drahtfabriken im Reiche gelegen sind.

Die Gestehungskosten sind in den verschiedenen Gebieten sehr verschieden hoch. Die Selbstkosten in Polen sind bedeutend höher als in Südrußland, weil Polen, wie oben ausgeführt wurde, die nötigen Rohstoffe zur Gewinnung von Roheisen-Erze und Koks zum größten Teil aus anderen Gebieten resp. aus Südrußland zu beziehen gezwungen ist.

---

[1] Die Eisenindustrie in Südrußland 1911 S. 12 und 14.

Die Selbstkosten der Erze betragen

in Polen      18 Kop. für das Pud.

in Südrußland 9 „    „   „ Pud.

Die Selbstkosten des Koks     in Polen 25 Kop. für das Pud.

„     „     „    „ in Südrußland 14 „    „   „ Pud.

Sodaß in Polen die Herstellungskosten von einem Pud. Roheisen sich auf 54—58 Kop., von fertigem Eisen auf 1 Rbl. 5 Kop.—1 Rbl. 20 Kop. belaufen, während in Südrußland das Roheisen 39—40 Kop. und das fertige Eisen 75—80 Kop. das Pud.[1]) zu stehen kommen.

Dem Ural wird die Wettbewerbsfähigkeit dadurch erschwert, daß dieses Gebiet keinen Markt für Erze und Kohle besißt. Die Gestehungskosten sind hier sehr verschieden, je nachdem wo das Eisenwerk gelegen ist.

Im Ganzen seien die Selbstkosten hier nicht höher, als im Süden.

Zu den privatwirtschaftlichen Gestehungskosten sind auch die Löhne der Arbeiter zu rechnen. Am Ende des 19. Jahrhunderts waren die Löhne noch verhältnismäßig niedrig.

Im Süden betrugen sie nach den verschiedenen Arten der Arbeit geordnet, wie folgt:

im Jahre 1895[1])

| | |
|---|---|
| für Hochofenarbeiter | 130—250 Kop. täglich |
| „ Schmiede | 150—250 „   „ |
| „ Mechaniker | 150—200 „   „ |
| „ Hilfsarbeiter | 80     „   „ |

Im Ural sind die Löhne bedeutend niedriger als in Südrußland.

Sie betrugen im Jahre 1897[2])

| | |
|---|---|
| für Hochofenarbeiter | 92   Kop. täglich |
| „ Schmiede | 50—60 „   „ |
| „ Mechaniker | 35—60 „   „ |
| „ Hilfsarbeiter | 25—35 „   „ |

---

[1]) Handels- und Industriezeitung 1909, No. 8.
[1]) Brandt, die ausl. Kapt. a. a. O. S. 250.
[2]) Paschintnoff. Einige Perspektiven i. d. Arbeitergesetzgeb. S. 44.

Die Revolutionsbewegung des Jahres 1905 rief eine bedeutende Steigerung der Löhne hervor. Im Süden erreichten die Löhne für die Metallarbeiter folgende Jahressumme:

durchschnittlich 1904 = 433 Rbl.[1])
„ 05 = 444 „
„ 06 = 462 „

Oder täglich auf den Franko-Russo-Werken für die Mechaniker:

Im Jahre 1904 = 136 Kop.[2])
„ „ 05 = 168 „
„ „ 06 = 220 „
„ „ 07 = 234 „

also in den 4 Jahren eine Steigerung von 72,1 %

In St. Petersburg stiegen die Löhne ebenfalls. Folgende Tabelle zeigt, daß der Taglohn dort um 48,2 % und der Lohn für das Jahr berechnet um 25,2 % gestiegen ist.

Arbeitslohn auf dem Newa-Werk.

| | durchschnittlich | |
|---|---|---|
| | Taglohn | jährliche Lohnsumme |
| 1903 | 193 Kop. | 544 Rbl.[3]) |
| 04 | 204 „ | 615 „ |
| 05 | 248 „ | 485 „ |
| 06 | 286 „ | 681 „ |
| Steigerung | 48,2 % | 25,2 % |

Auf die Gestaltung der Löhne im ersten Jahrzehnt des 20. Jahrhunderts wirkten bestimmend ein: Die Krisis und die Revolution. Die Krisis rief ein Sinken der Löhne hervor, wogegen die Ausstandbewegung die Aufbesserung der Löhne bezweckte. Mit der weiteren Besserung der allgemeinen Wirtschaftslage wird der Lohn wohl weiter steigen.

---

[1]) Materialien. S. 102 (Siehe oben).
[2]) Materialien zur Beleuchtung der ökonomischen Lage und der Organisationsbestrebungen der Metallarbeiter in St. Peterburg S. 106.
[3]) Daselbst S. 107.

## c. Geschäftsergebnisse der Unternehmungen.

Die Geschäftsergebnisse der verschiedenen Unternehmungen sind von mehreren Ursachen und Umständen abhängig. Die Persönlichkeit des technischen und kaufmännischen Leiters, der allgemeine Gang des Geschäftslebens, die geographische Lage der Unternehmung und die Kapitalkraft sind die Haupteinflüsse, welche auf die Gewinne bestimmend einwirken. Diejenigen Unternehmungen, welche mit ausländischem Kapital arbeiten, sind besser gestellt, weil sie sich eines billigeren Kredites erfreuen; statt 8 %, wie in Rußland, zahlen sie nur etwa 4—5 % auf das geliehene Kapital.

Die Krisis hat die Dividenden stark beeinflußt.

Im Ural sollen die Eisenwerke in jener Zeit, durchschnittlich genommen, mit Verlust gearbeitet haben.

Polen hat besonders in den Jahren 1905/6 unter der revolutionären Bewegung gelitten. Auch im Süden sind seitdem die durchschnittlichen Dividenden fortwährend gesunken. Sie betrugen:

| in den Jahren | 1901 | 1905 | 1908 | 1909 [1] |
|---|---|---|---|---|
| in Südrußland | 4,4 | 3,4 | 2,8 | 2,7 |
| dem Ural | 1,7 | 0,6 | 0,6 | 0,7 |
| Polen | 8,9 | 7,4 | 3,6 | 3,7 |

Die durchschnittliche Dividende für das ganze Reich fiel von 7,2 % im Jahre 1900 auf 4 % im Jahre 1901. In den Krisenjahren ging sie noch tiefer herunter und erreichte im Jahre 1908 den niedrigsten Stand mit 1,9 % [2]; seit dem Jahre 1909 ist wieder eine Besserung wahrzunehmen.

Es steht noch die Frage zu beantworten, welche Arten der Unternehmungen die widerstandsfähigsten sind. Hierüber gibt uns das statistische Bureau der Bergindustriellen Südrußlands [3] Aufschluß. Die Unternehmungen der Hüttenindustrie wurden bei der Untersuchung in 4 Abteilungen geteilt.

[1] Gliwitz, a. a. O. S. 106.
[2] Gliwitz, a. a. O. S. 103.
[3] Die finanzielle Lage der Berg- und Eisenindustrie in Südrußland 1895—1909 (ein statistisches Sammelbuch).

1. Eisenwerke mit eigener Kohle-, Koks- und Erzgewinnung.
2. Eisenwerke nur mit eigener Erzgewinnung.
3. Eisenwerke ohne eigene Kohle und Erz.
4. Die weiterverarbeitenden Werke.

Die Unternehmungen der ersten Art nehmen eine überragende Stellung ein. Ihre Zahl nimmt zu und ihre Kapitalien wachsen an. Die folgende Tabelle bestätigt das Gesagte.

**Kapitalkraft und Geschäftsergebnisse.[1])**

| | 1895 | 1899/1905 | 1906 | 1907 | 1908 | 1909 |
|---|---|---|---|---|---|---|
| Zahl der Unternehmungen | 4 | 5 | 7 | 7 | 6 | 7 |
| Gesamtkapital } in Mill. | 37,5 | 64,33 | 118,4 | 110,2 | 104,5 | 119,4 |
| Aktienkapital } Rbl. | 19,9 | 34,52 | 63,2 | 65,3 | 63,5 | 62,4 |
| Div. in % z.Aktienkapital | 21.31 | 12,62 | 3,84 | 3,43 | 3,81 | 2,93 |

Wohl sind die Dividenden in fortwährendem Sinken begriffen, doch im Vergleiche zu anderen Arten sind die erzielten Geschäftsergebnisse mehr als befriedigend.

Bedeutend schlechter sind diejenigen Unternehmungen gestellt, die nur das Erz aus eigenen Gruben gewinnen. Ihre Zahl — 4 — blieb in den Jahren 1897—1909 unverändert. Doch ihr Gesamtaktienkapital hat sich in dieser Zeit verdoppelt. Es betrug:

1897          21,6 Mill. Rbl.

1909          42,8    „      „

Die Dividenden, welche sich noch im Jahre 1900 auf 4,5% beliefen, machten in den Krisenjahren durchschnittlich nicht einmal 1% aus.

Die Unternehmungen der dritten Art arbeiten schon seit dem Jahre 1900 mit Verlust. Ihre Zahl geht zurück.

Die Unternehmungen der vierten Art weisen befriedigende Ergebnisse auf. Durchschnittlich haben diese Unternehmungen in den hier berücksichtigten 15 Jahren (1895—1909) über 4% Dividende entworfen. Es zeigen dies die folgenden Zahlen:

[1]) Diese und die folgende Tabelle sind auf Grund des Sammelwerkes: Die Finanzlage a. a. O. zusammengestellt.

|  | 1895 | 1898/1905 | 1906 | 1907 | 1908 | 1909 |
|---|---|---|---|---|---|---|
| Zahl der Unternehmungen | 1 | 6 | 7 | 6 | 6 | 5 |
| Gesamtkapital ⎱ in Mill. | 0,98 | 28,95 | 41,6 | 31,3 | 48,2 | 44,4 |
| Aktienkapital ⎰ Rbl. | 0,85 | 20,20 | 24,2 | 17,6 | 27,5 | 25,4 |
| Div. in %/o z.Aktienkapital | 7,9 | 3,40 | 6,72 | 6,02 | 3,70 | 1,82 |

Für diese Art von Werken hat die Krisis nur vier Jahre 1899/1902 gedauert. Dies ist zum Teil durch das Aufkommen der Kartelle zu erklären. Auch der Japanische Krieg hat viel zur Aufbesserung der Lage der weiterverarbeitenden Eisenindustrie beigetragen.

## 11. Der Absatz.
### a. Der innere Markt.

Die Eisenbahnen waren eine Zeit lang die Haupt- und fast die einzigen Abnehmer des Eisens. In den Krisenjahren erfolgte eine Verschiebung in dieser Hinsicht; an die Stelle der Eisenbahnen traten jetzt die städtischen Bauten und die Privatbetriebe mit ihrem Bedarf. Außerdem wurde auch dem Eisenbedarf der breiteren Volksschichten eine größere Aufmerksamkeit entgegengebracht.

Der durchschnittliche Eisenverbrauch auf den Kopf der Bevölkerung ist in Rußland im Vergleiche mit andern Staaten noch immer sehr klein. Es liegen uns darüber die folgenden Zahlen vor:

**Roheisenverbrauch auf den Kopf der Bevölkerung in Pud.[1]**

|  | 1906 | 1907 | 1908 | 1909 | 1910 | 1911 |
|---|---|---|---|---|---|---|
| Ver. St. Nordamerika | 17,8 | 18 | 10,6 | 17,2 | 16,5 | 14,4 |
| Deutschland | 8,3 | 9 | 6,6 | 7 | 8,1 | 8,2 |
| Großbritannien | 6,7 | 4,8 | 6,3 | 6,6 | 6,7 | 6,9 |
| Frankreich | 4,9 | 4,5 | 4,4 | 4,7 | 5,6 | 6,3 |
| Belgien | 8,4 | 7,4 | 4,7 | 7,8 | 8,0 | 9,1 |
| Rußland | 1,12 | 1 | 1,06 | 1,04 | 1,13 | 1,34 |

[1] Die Eisenindustrie in Südrußland, 1911 O. XIX.

Auf eine nennenswerte Zunahme des Verbrauchs in der nahen Zukunft ist nicht zu hoffen, weil es der russischen Volkswirtschaft wohl noch auf lange Zeit hinaus an der so nötigen Befruchtung mit Kapital fehlen dürfte.

Der wichtigste Eisenmarkt in Rußland ist Moskau. Es erhält das Roheisen und die Eisenerzeugnisse aus allen Gebieten und verteilt sie dann nach allen Landesteilen; dann folgen der Reihe nach als Eisenmärkte St. Petersburg, Chrkoff, Warschau, Riga und Nischni-Nowgorod.

Seit langer Zeit sind die Kleineisenwaren hauptsächlich auf den Jahrmärkten abgesetzt worden. Mit der Ausbildung eines stärkeren Verkehrs verlieren die Jahrmärkte ihre Bedeutung und bald werden sie als überlebte Erscheinungen der Vergangenheit betrachtet werden. In den Ländern, wo die Entwicklung zurückgeblieben ist, haben die Jahrmärkte länger ihre Bedeutung behauptet. In Rußland spielen sie zum Teile noch heutzutage, wenn auch eine geringere, so doch noch immer recht bedeutende Rolle. Zu den hauptsächlichsten Jahrmärkten in Rußland, besonders für die Eisenindustrie, gehört der Jahrmarkt in Nischni-Nowgorod. In früherer Zeit, wo noch keine Eisenbahnen bestanden, wurden die Eisenwaren einmal jährlich auf Flössen und Barken nach Nischni-Nowgorod versandt. Von hier aus gingen sie dann weiter nach Moskau und den andern Gegenden. Jetzt verliert dieser Jahrmarkt aber seine Bedeutung und wird zum blos örtlichen Markt herabgedrückt.

Als besondere Organisationsformen des Handels auf dem inneren Markt treten in Rußland neben den Einzelunternehmern, den Handelsgesellschaften und den Kartellen die Landschaften (Semstwo) auf. Die Landschaften, welche viel zur Aufbesserung der Technik der Landwirtschaft getan und das Versicherungswesen an sich genommen haben, brachten auch den Handel mit landwirtschaftlichen Maschinen und Dacheisenblech in ihre Hände. Sie treten in dem Handel als Vermittler auf. In früherer Zeit kam dies nur ab und zu vor;

seit den 80-er Jahren wird der Eisenhandel systematisch von den Landschaften betrieben.

Ihre Preise sind niedriger als die der anderen. Außerdem gewähren die Landschaften zinsfreien oder niedrig verzinslichen Kredit. Sie haben auf diesem Gebiete schon viel nußbringendes getan. Als die Kartelle aufkamen, nahmen sie ganz entschieden Stellung gegen die Preissteigerungsbestrebungen der Kartelle.

Ueber den Umfang des Handels der Landschaften gibt uns das Sammelbuch des statistischen Bureaus der Bergindustriellen Südrußlands „Der Handel der Semstwo mit Eisen, landwirtschaftlichen Maschinen und Geräten 1901 bis 1909" Aufschluß.

Im ganzen haben im Jahre 1908 358 Landschaften (90,9 % der Gesamtzahl im Reiche) Berichte über ihre Tätigkeit dem Bureau eingesandt. Von diesen haben 54,4 % Handel mit Eisen, landwirtschaftlichen Maschinen und Geräten getrieben.

25,2 % handelten nur mit landwirtschaftlichen Maschinen.

22 % handelten nur mit Dacheisenblech.

Die übrigen 18,2 % der Semstwo haben keinen Handel mit den obengenannten Waren getrieben.

Etwa $1/_8$ der in Rußland auf den Markt gebrachten landwirtschaftlichen Maschinen und Geräte und $1/_{17}$ des in Rußland verbrauchten Dacheisens gehen durch die Lager der Landschaften.

In der Versorgung des Marktes mit den landwirtschaftlichen Maschinen und Geräten nimmt das Ausland eine wichtige Stellung ein. Im Jahre 1911 betrug die Einfuhr derselben 8,1 Mill. Pud oder dem Werte nach die gewaltige Summe von 44,286,000 Rbl.

### b. Der Außenhandel.

Der Anteil der Eisenausfuhr an der Gesamterzeugung ist in Rußland im Vergleich mit andern Staaten sehr gering, dies zeigen für das Jahr 1911 die folgenden Zahlen. Man

hat sämtliche ausgeführten Eisenwaren auf Roheisen umge-
rechnet.[1])

| | Roheisen-gewinnung in 1000 Pud. | Ausfuhr in 1000 Pud. | Ausfuhr in % der Gesamt-roheisenprod. |
|---|---|---|---|
| Belgien | 128,580 | 137,190 | 107,5 [2]) |
| Großbritannien | 635,842 | 435,910 | 68,5 |
| Deutschland | 948,360 | 459,430 | 48,3 |
| Frankreich | 275,210 | 41,390 | 15,1 |
| Ver. St. v. Nordamerika | 1,466,250 | 177,680 | 12,1 |
| Rußland | 219,191 | 7,220 | 3,3 |

Dabei handelt es sich nur um Krisenausfuhr; die natür-
lichen (mit Ausnahme des Südens) und die wirtschaftlichen
Bedingungen würden der russischen Eisenindustrie einen er-
folgreichen Wettbewerb auf dem Weltmarkte nicht gestatten!
Daß überhaupt eine Ausfuhr möglich war, beruht auf folgenden
Gründen:

Erstens war die russische Eisenindustrie zur Zeit, als
sie den Kampf auf dem Weltmarkte aufnahm, schon kartelliert.
Ferner trat Rußland im Jahre 1909 dem internationalen
Schienenkartell bei.

Zweitens haben die staatlichen Bestellungen ebenfalls
die Ausfuhrmöglichkeit der russischen Eisenindustrie erhöht.
Die Fabrikanten erhielten die Bestellungen zu Preisen, die
bei weitem höher als die Marktpreise waren.. Dieser Preis-
unterschied gab ihnen die Möglichkeit zu exportieren. In den
ersten 6—7 Krisenjahren hat der Fiskus der Industrie auf
diesem Wege bis zu 100 Mill. Rbl. zu viel bezahlt.

---

[1]) Nach den Angaben der Eisenindustrie in Südrußland 1911 zusammengestellt.

[2]) Einfuhr 1878 960,000 Pud., inländischer Verbrauch 70,350 Pud.

Mit dem Verschwinden der bedrückten Lage auf dem innern Markt ging die Ausfuhr von Jahr zu Jahr zurück. Sie hatte sich hauptsächlich auf Schienen erstreckt und war nach folgenden Ländern gegangen:

Nach den Balkanen, nach China, Südamerika, Transvaal, Italien, Dänemark usw. Die Ausfuhr von Schienen ging fast ausschließlich über Nikolajeff und Mariupol.

Dagegen ist die Ausfuhr an Eisenerz in stetigem Anwachsen begriffen. Sie betrug in tausend Pud:

| im Jahre 1900 | 793,3 |
| „ „ 1905 | 13562,1 |
| „ „ 1910 | 51714,0 |
| „ „ 1911 | 54928,4 |

Die Ausfuhr geht über die Landgrenze Sonowici, Graniza, oder zur See über Nikolajeff. Der wichtigste Abnehmer der russischen Eisenerze ist Deutschland, dann folgen Holland, Großbritannien und Oesterreich-Ungarn. Doch dürfte es sich bei dem in der Statistik als nach den Niederlanden ausgeführt erscheinenden Eisenerz um Sendungen handeln, die nach Deutschland bestimmt sind, da die niederrheinischen Hütten ihr ausländisches Eisenerz zu Wasser über Rotterdam beziehen.

**Ausfuhr von Eisenerz nach den Staaten geordnet.[1]**

| | 1905 | 1906 | 1907 | 1908 | 1909 |
|---|---|---|---|---|---|
| Deutschland | 6,760 | 11,439 | 20,042 | 18,942 | 13,030 |
| Holland | 453 | 4,981 | 7,843 | 5,226 | 10,016 |
| Großbritannien | 5,959 | 10,969 | 22,552 | 7,016 | 3,915 |
| Oesterreich-Ungarn | 389 | 1,038 | 3,218 | 3,174 | 3,230 |
| Gesamtausfuhr | 13,562 | 28,765 | 54,905 | 35,477 | 31,599 |

Ausgeführt wird ausschließlich das Erz von Kriwoi-Rog, außerdem das Magnanerz aus Kutais.

---

[1] Die Eisenerzindustrie in Südrußland 1910, Tabelle 8.

## IV.

## Die Kartelle in der russischen Eisenindustrie

### 12. Entstehung der Kartelle.

Die wirtschaftlichen Vorbedingungen für das Aufkommen der Kartelle waren in der russischen Eisenindustrie gegeben. Der hohe Zoll, die starke Betriebskonzentration und die örtliche Vereinigung der Erzeugungsstätten kamen hier vornehmlich in Betracht. Wenn man namentlich den hohen Zoll berücksichtigt, so ist leicht zu verstehen, weshalb die Kartellbewegung in Rußland in kurzer Zeit so große Fortschritte gemacht hat.

Allerdings sind die rechtlichen Vorbedingungen sehr ungünstig für die Kartellbildung gewesen. Artikel 913 und 1180 des Strafgesetzes sind gegen die Katellierungsbestrebungen gerichtet. Der wichtigste von ihnen ist der Artikel 1180. Er lautet: „Bei einer Verabredung von Handel- oder Gewerbetreibenden zum Zwecke einer Preiserhöhung nicht nur von Lebensmitteln, sondern auch von Waren des nötigsten Bedarfs oder zum Zwecke einer unverhältnismäßigen Erniedrigung der Preise in der Absicht, Einfuhr und Angebot der genannten Waren zu verhindern und auch die weitere Einfuhr dieser Waren in großer Zahl zu erschweren, werden bestraft: Die Anstifter (Rädelsführer) solcher widergesetzlichen Verabredungen mit Gefängnis von 4—8 Monaten, die übrigen, die nur an der Verabredung teilgenommen haben, im Verhältnis zum Maße ihrer Teilnahme, entweder mit Haft von 3 Wochen bis zu 3 Monaten oder mit Geldstrafen bis höchstens 200 Rbl. Wenn aber durch eine solche Verabredung ein wirklicher Mangel an Waren des nötigsten Bedarfs verursacht worden ist und dieser zu einer Störung der öffentlichen Ruhe geführt hat, so werden bestraft: Die Anstifter mit Verlust einiger besonderer Rechte und Vorteile auf Grund des Artikels 50 dieses Gesetzes und mit Gefängnis von 1 Jahr 4 Monaten bis zu 2 Jahren, die übrigen Schuldigen mit Gefängnisstrafen von 4—8 Monaten."

Anfänglich war die Rechtsprechung den Kartellen gegenüber feindlich und es kamen Fälle vor, wo der Branntwein oder der Leim in die Reihe der Waren des „nötigsten Bedarfs" eingereiht und die Mitglieder der Vereinbarung bestraft wurden.

Aber ungeachtet dessen arbeitet seit Jahren mit Erfolg ein Kartell in der Zuckerindustrie; im Jahre 1895 wurde dieses Kartell sogar von der Regierung öffentlich anerkannt.

Auch beim Ausbruch der Krisis in der Eisenindustrie gab die Regierung zu verstehen, daß ihr Kartelle in der Eisenindustrie sehr erwünscht seien. Den Artikel 1180 des Strafgesetzbuches ließ sie aber bestehen. Die Eisenindustriellen des Urals haben auf ihren Zusammenkünften in den Jahren 1902/04 die Kartellfrage beraten und beschlossen, die Regierung zu ersuchen, den erwähnten Artikel des Strafgesetzbuches abzuschaffen; doch ihr Gesuch blieb ohne Ergebnis.

Die Folge dieser Rechtslage ist, daß in Rußland der Zwang besteht, möglichst bald zu einer höheren Form des gewerblichen Zusammenschlusses überzugehen, da die mit loseren Kartellarten für die einzelnen Mitglieder gegenüber dem Verbande sich eingehenden Verpflichtungen nicht rechtlich vollstreckbar sind. Es hat insofern die russische Kartellbewegung eine gewisse Aehnlichkeit mit jener in den Vereinigten Staaten von Nordamerika. Auch dort sind es Gründe der Gesetzgebung und Rechtsprechung gewesen, welche die losen Pools bald unmöglich gemacht haben. Allerdings ist man in Rußland noch nicht bis zur Vereinigung der geschäftlichen Leitung eines ganzen Gewerbzweiges in einer Hand fortgeschritten. Doch hat die alsbaldige Auflösung, der die losen Preisvereinbarungen immer unterlagen, sehr bald zur Gründung von gemeinsamen Verkaufsstellen geführt.

Die ersten Kartelle in der russischen Eisenindustrie sind von den deutschen Fabriken im Nordwesten gegründet worden. In den 70-er Jahren und zu Anfang der 80-er Jahre haben viele ausländische Fabriken, veranlaßt durch die russischen Zollerhöhungen, in Rußland Filialen gegründet. In dieser Zeit blühte besonders die Drahtherstellung auf; sie hatte seit dem Aufkommen des Telegraphen einen großen Absatzmarkt gefunden. An die Drahtfabrikation schloß sich die Erzeugung von Drahtstiften an. Dieser Aufschwung führte zu einer Ueberproduktion. In der Mitte der 80-er Jahre wurde die Lage immer schwerer und die Fabrikanten versuchten eine gegenseitige Verständigung zu erzielen mit dem Zwecke, die Preise und die Zahlungsbedingungen einheitlich zu regeln.

Im Jahre 1886 haben 15 Fabriken eine „Konvention der Walzdraht-, Draht- und Drahtstift-Fabrikanten" gegründet. Die Satzungen waren in deutscher Sprache abgefaßt. Die Dauer der Uebereinkunft war auf ein Jahr bestimmt; doch schon nach einigen Monaten zerfiel sie wieder.

Im Jahre 1890 wurde in demselben Gewerbszweig ein neues Kartell, diesmal einer höheren Ordnung, abgeschlossen. Die drei größten Fabriken dieser Art — in Riga, Libau und St. Petersburg — übertrugen den Verkauf ihrer Erzeugnisse der Zentralstelle Daibel & Co. in St. Petersburg. Die Dauer des Uebereinkommens war auf 3 Jahre bestimmt. Die andern Fabriken folgten dem Beispiele dieser drei und gründeten ebenfalls noch andere Verkaufsstellen, bis in der Mitte der 90-er Jahre der Eintritt des gewerblichen Aufschwungs alle Bande löste, um sie wieder in der Zeit der Depression von neuem zu knüpfen.

Die Krisis kam und als deren Folge die Kartellierung der ganzen Eisenindustrie. Die Kartellbewegung erfaßte nicht nur einen Zweig der Industrie oder ein Gebiet, sondern die ganze russische Eisenindustrie. Doch ist für mehrere Waren eine örtliche Trennung vorhanden.

Im Süden hat die beherrschende Stellung die „Aktiengesellschaft für den Verkauf von Erzeugnissen russischer Metallfabriken", verkürzt „Prodameta" genannt. Dieses Kartell ist wieder aus mehreren einzelnen Kartellen zusammengesetzt. Da die verschiedenen Eisensorten und Eisenerzeugnisse von den Fabriken nicht unter gleichen Bedingungen hergestellt werden, so ist es nicht möglich, für alle diese Waren ein gemeinsames Abkommen zu treffen. Man muß bemerken, daß die Fabriken bis zu 30 verschiedenen Arten von Eisenerzeugnissen herstellen, und daß diejenigen, welche die staatlichen Bestellungen erhalten, sich in einer günstigeren Lage befinden.

Das Kartell „Prodameta" — „Aktiengesellschaft für den Verkauf von Erzeugnissen russischer Metallfabriken" wurde im Jahre 1902 gegründet. Zuerst wurde ihm der Verkauf von Stahl, Formeisen und Eisenblech aufgetragen; später aber wurden ihm noch von verschiedenen Fabriken die verschiedensten Eisenwaren und Eisensorten zum Verkauf übergeben.

Es entbrannte ein Kampf mit den Außenstehenden, besonders mit den polnischen Fabriken. Die verderblichen Folgen eines solchen Kampfes einsehend, schlossen die polnischen Fabriken 1909 ihrerseits untereinander ein Kartell ab und traten dann gemeinsam der Prodameta bei. Jetzt ging dieses vergrößerte Kartell zum Kampf gegen den Ural vor. Doch hier war man nicht so erfolgreich, weil die hier hauptsächlich in Betracht kommende Ware, das Dacheisenblech, im Ural in Güte höher stand als dasjenige, welches im Süden erzeugt wurde.

Außer der „Prodameta" kam im Süden im Jahre 1902 ein Kartell für Spezialroheisen (Ferromangan, Ferrosilizium, Spiegeleisen) zustande, welches zur Verkaufsstelle die Firma Ad. Lessing in St. Petersburg wählte. Dieses Kartell umfaßt bis 90 % der ganzen Erzeugung Rußlands in den genannten Waren.

Im Jahre 1909 haben die größten Fabriken Süd-Rußlands zum Zwecke der Förderung der Ausfuhr auch ein Eisenbahnschienenkartell gebildet. Es trat dem internationalen Schienenkartell bei und erhielt einen Anteil von 80,000 Tonnen oder etwa 5 Mill. Pud. So wurde eine regelmäßige Ausfuhr von Eisenbahnschienen eingeleitet.

Im Ural fand der Kartellierungsgedanke viel später Eingang. Als Ursache könnte man den ganzen wirtschaftlichen Zustand jenes Gebietes bezeichnen. Jede Hütte stellt alle Erzeugnisse her, angefangen mit dem Roheisen, bis zu fertigen Marktwaren. Die Eigentümer dieser Hütten sind die alten Magnatenfamilien. Ihre Zahl ist nicht groß; auf jeden entfallen etwa 3 Hüttenwerke. Die Unternehmungsform der Aktiengesellschaft hat im Ural noch wenig Eingang gefunden. Das Vorwiegen des Einzelbesitzes im Ural wirkt hemmend auf die Verbreitung des Vereinigungsgedankens unter den Hüttenbesitzern.

Erst als der Süden mit dem Eintreten der Krisis zur Erzeugung des Dacheisenbleches und jener Markteisensorten überging, welche bis jetzt fast ausschließlich im Ural hergestellt worden waren, und dadurch diesem Gebiet einen starken Wettbewerb bereitete, gewann der Kartellierungsgedanke auch im Ural an Boden.

Besonders empfindlich war der Wettbewerb in Dacheisenblech. Bis jetzt war der Ural der einzige Produzent des Dacheisenbleches gewesen. Die Preise wurden daher hoch gehalten; jetzt fingen sie an zu schwanken. Auf dem Jahrmarkte in Nischninowgorod im Jahre 1904 wurde nur 60 % des Angebotes verkauft und die erzielten Preise entsprachen bei weitem nicht den Wünschen der Produzenten.

Im Dezember desselben Jahres wurde von den 12 größten Fabriken des Urals, welche bis 80 % der ganzen Produktion dieser Ware im Ural umfaßten, ein Uebereinkommen abgeschlossen. Die Fabriken behielten das Recht des selbständigen Verkaufs; nur die Bedingungen desselben wurden geregelt. Aber eine solche Konvention ohne gerichtlichen Schutz gegen ihre Nichteinhaltung von Seiten der Mitglieder konnte nicht lange bestehen. Ihre Bestimmungen wurden auf Schritt und

Tritt verletzt und die Konvention zerfiel schon im nächsten Jahre.

Die Preise, welche durch diese Konvention, wenn auch in vielen Fällen nur dem Namen nach, erhöht wurden, erlitten einen gewaltigen Sturz; so z. B. auf dem Jahrmarkte in Nischninowgorod im Jahre 1906. Obwohl der Preis des Dacheisenbleches im Voraus auf 2 Rbl. 15 Kop. festgesetzt war, wickelten sich die Geschäfte zu 1 Rbl. 75 Kop. bis 1 Rbl. 85 Kop. das Pud ab. Dieses veranlaßte eine neue Verabredung. Man nahm die südrussische Prodameta zum Vorbild. Es wurde also eine Aktiengesellschaft, die „Krowlja" (Dach) gegründet, welche für diese Ware die Zentralverkaufsstelle sein sollte. Am 1. Januar 1907 begann sie ihre Tätigkeit. Sie umfaßte gegen 75 % der Erzeugung des Dacheisenbleches im Ural und bis 37—56 % der gesamten russischen Erzeugung dieser Ware.

Im Jahre 1911 war das Kartell dem Zerfall nahe. Gegenwärtig ist das Ziel der Bestrebungen der uralischen Eisenindustriellen die Erreichung einer straffen und allgemeinen Kartellierung.

Außer diesen rein örtlichen Kartellen gibt es in Rußland Kartelle, welche Fabriken in ganz Rußland umfassen. So wurde im Jahre 1903 in Warschau die Aktiengesellschaft „Gwosdj" (Nagel) gegründet. Ihr wurde der Verkauf von Drahteisen und Drahtstahl, dann von Stiften, Draht und Metallfedern übertragen. Dieses Kartell ist als die Weiterbildung der Kartelle der Draht- und Drahtstiftfabriken der 90-er Jahre anzusehen.

Der Abnehmerkreis war streng abgeteilt und jeder Fabrik wurde ein bestimmtes Absatzgebiet zugewiesen. Da die Preise sehr hoch gehalten wurden und nicht jede Fabrik den ihr zugefallenen Kreis zu bedienen imstande war, so entstanden mit der Zeit mehrere neue Fabriken, welche dem Kartell als Konkurrenten entgegentraten und seine Stellung stark erschütterten. Durch die Konkurrenz gedrängt, suchten die kartellierten Fabriken die Vertragsvorschriften zu umgehen; außerdem waren sie mit der Politik der Verkaufsstelle unzufrieden. Das Kartell

löste sich auf und am 1. Januar 1909 wurde die Verkaufsstelle aufgelöst. Jetzt entbrannte der Konkurrenzkampf erst
recht und die Preise sanken um mehr als 30%. Um sich
aus der üblen Lage, in welche die Fabriken durch den Zerfall
des Gwosdj versetzt wurden, zu helfen, schlossen sich noch
in demselben Jahre einige größere Fabriken zusammen und
schufen ein neues Kartell, die „Provoloka".

Das Gebiet der Maschinenindustrie hat nur einige Kartelle
aufzuweisen.

Im Jahre 1904 wurde von den Eisenbahnwagenfabriken
eine Verkaufsstelle, „Prodwagon", eingerichtet. Die Entstehung
dieses Kartells ist auf die staatlichen Bestellungen zurückzu-
führen. Die öffentlichen Ausschreibungen riefen eine vorher-
gehende Abmachung zwischen den Fabrikanten hervor; die
tatsächlich erfolgende Zuteilung der staatlichen Bestellungen
zwischen den Fabriken war, im Grunde genommen, nichts
weiter als eine Vollstreckung der von den Fabrikanten ge-
troffenen Beschlüsse. Später, als die staatlichen Bestellungen
eingeschränkt wurden, entstand aus dieser Verabredung ein
Kartell. Fast alle Eisenbahnwagenfabriken Rußlands sind in
diesem Kartell vereinigt. Die Verkaufsstelle hat die Form
einer Aktiengesellschaft.

Die höchste Form des Zusammenschlusses eines Ge-
werbes ist der Trust. Zurzeit gibt es in Rußland noch keine
Organisation dieser Art. Im Jahre 1908 war der Trustgedanke
in Rußland sehr rege; es wurde geplant, gerechnet und viel
gehandelt, doch nichts Endgültiges erreicht.

Die Anregung zur Bildung des Trusts ging von der süd-
russischen Dnieprowschen Metallurgischen Gesellschaft aus.
Die finanziellen Verhandlungen wurden im März jenes Jahres
in Paris und Brüssel geführt. Die ausländischen Banken,
Société Générale Belge, Banque d'Union Parisienne, Société
Générale de Paris und Thalmann & Co. griffen kräftig ein.
Ihr Plan war, aus den südrussischen Eisenwerken einen Trust
zu bilden. Sie hofften auf diese Weise einige schwächere
Werke vor dem Zusammenbruch zu retten. Die russische Ge-

sellschaft, die parlamentarischen Kreise und selbst die Regierung waren jedoch gegen die Verwirklichung dieses Gedankens. Die Industriellen bemühten sich, alle bloß möglichen Vorteile einer Trustorganisation darzulegen, wogegen die öffentliche Meinung und die Presse die breiten Schichten der Bevölkerung auf die Nachteile aufmerksam zu machen suchte.

Die Pläne der Industriellen kamen nicht zur Verwirklichung aus Gründen zum Teil persönlicher Art. Auch die hohen Kosten, welche die Gründung des Trusts verursacht hätte, haben ihrerseits dazu beigetragen, daß der Trust nicht zustande gekommen ist. Die Regierung weigerte sich nämlich, den Trust von der Steuer auf den Vermögensübergang zu befreien. Die Entrichtung dieser Steuer hätte eine Ausgabe von etwa 5 Mill. Rbl. erfordert. Die Vermittler und Bankiers sollten für ihre Bemühungen und Ausgaben bei der Organisation ebenfalls 5,58 Mill. Rbl. erhalten.

An die Kartelle der Produzenten schließen sich Verbände der Händler an [1]). Dieser Umstand ist für beide Teile sehr vorteilhaft; sie befreien die letzteren von der Notwendigkeit, große Warenhäuser zu halten und sichern die Barzahlung. Die Preise werden von den Produktionskartellen so bestimmt, daß sie für die Händlerverbände bedeutend niedriger sind als für die nicht kartellierten Abnehmer. Die Höhe des ausbedungenen Rabatts bestimmt somit die Höhe der Marktpreise der betreffenden Ware. Diese Verbände der Händler tragen zurzeit illegalen Charakter.

### 13. Organisation, Politik und Erfolg der russischen Kartelle.

Die Organisation der russischen Eisenkartelle steht in technischer Hinsicht auf einer gewissen Höhe. Der Mittelpunkt der Organisation ist die Verkaufsstelle, welche in Form einer Aktiengesellschaft organisiert ist. Zur Entstehung eines Kartells ist zuerst ein Abkommen zwischen den Unternehmungen des betreffenden Gewerbezweiges zu treffen. Dann wird eine Aktiengesellschaft gegründet, gewöhnlich mit einem verhältnismäßig kleinen Grundkapital.

[1]) Kafenhaus. Die Kartelle in der russischen Eisenindustrie S. 169 u. a.

Um einen Einblick in die Organisation und Geschäfts-
praxis der Kartelle zu gewinnen, soll hier auf Grund der
Satzungen und der Jahresberichte des vollkommensten und
wichtigsten der Kartelle, der Prodameta, die Organisation
derselben kurz geschildert werden. Der wesentlichste Teil des
Kartells ist die Verkaufsstelle, welche in Form einer Aktiengesellschaft organisiert ist. Die Statuten dieser Gesellschaft
zum Verkauf von Erzeugnissen der russischen metallurgischen
Fabriken (abgekürzt, „Prodameta") sind am 5. Juli 1902
Allerhöchst bestätigt worden.

Diese Gesellschaft besitzt alle die Rechte und Pflichten
einer gewöhnlichen Aktiengesellschaft und hat sich zum Ziele
gemacht, den Handel mit Roheisen, Stahl, Eisen und überhaupt mit jeglichen Fabrikaten der metallurgischen Industrie
für eigene Rechnung oder auf Kommission zu betreiben.

Das Grundkapital der Gesellschaft beläuft sich auf
900,000 Rbl. und ist in 3600 Aktien zerlegt. Die Leitung
der Prodameta befindet sich in den Händen zweier Organe: des Verwaltungsrates und der Generalversammlung der
Aktionäre.

Die Verwaltung ist dem Verwaltungsrat anvertraut, welcher
seinen Sitz in St. Petersburg hat und aus 12—36 Mitgliedern
besteht. Jedes Jahr wird von der Generalversammlung durch
die Wahlen ein Drittel der Mitglieder des Rates erneuert;
doch können die ausscheidenden Mitglieder von neuem ge-
wählt werden. Für die Mitglieder des Rates ist der Besitz
von 20 Aktien erforderlich, welche zur Bürgschaft bei der
Verwaltung hinterlegt sein müssen.

Die Befugnisse des Rates erstrecken sich laut § 26 des
Statuts auf folgende Punkte:

a) Die Einrichtung der Buchhaltung und der Kassenführung.
b) Die Aufstellung der Jahresberichte, Bilanzen und des Vor-
anschlages.
c) Den Kauf und Verkauf von Waren gegen bar oder auf
Kredit.
d) Diskontierung, Ausstellung und Annahme von Wechseln u. a.

e) Den Abschluß von Verträgen im Namen der Gesellschaft
mit dem Staate, privaten Gesellschaften, städtischen Körper-
schaften, Landschaften und Privatpersonen.

f) Die Einberufung der Generalversammlung und überhaupt
die ganze Verwaltung und Einrichtung aller Geschäfte,
welche in Beziehung zur Gesellschaft stehen.

Der Rat versammelt sich je nach Bedarf, doch nicht
seltener als einmal im Monat (§ 34).

Für die unmittelbare Verwaltung wählt der Rat einen
oder mehrere Direktoren. Das Reglement, nach dem die
Direktoren sich zu richten haben, wird von der Generalversammlung der Aktionäre bestätigt (§ 27).

Die Generalversammlung tritt gewöhnlich einmal jährlich zusammen. Ihre Befugnisse regelt der § 48. Zur unbe-
dingten Zuständigkeit der Generalversammlung gehört:

a) Die Beschlußfassung über den Ankauf, die Veräußerung,
die Verpfändung oder die Pacht von Immobilien und über

b) die Erweiterung der Unternehmung. Ferner werden Streitig-
keiten der Aktionäre untereinander und der Aktionäre mit
den Gliedern des Rates durch die Generalversammlung geregelt, wenn beide Seiten damit einverstanden sind. Im
entgegengesetzten Falle werden sie auf dem Rechtswege
erledigt (§ 69).

Die Gesellschaft ist auf unbestimmte Zeit gegründet
worden (§ 71). Sie schließt ihrerseits Verträge mit den Fabriken, welche den Verkauf ihrer Fabrikate der Verkaufsstelle
(d. h. der Prodameta) anvertrauen, ab. Gleichzeitig über-
mitteln sie den neuen Kontrahenten eine der Anteilsquote
entsprechende Zahl von Aktien. Die Kontrahenten dürfen die
Aktien nicht veräußern und sind verpflichtet, wenn ein neuer
Kontrahent eintritt, einen Teil demselben zu übergeben. Die
Preise werden für alle Mitglieder gleichgestellt, ab Fabrik.
Die Bestellungen werden gemäß der Anteilsquote verteilt.
Die sich ergebenden Ueberschreitungen des Absatzes im Verhältnis zur Beteiligungsziffer der einzelnen Kontrahenten
werden an die im Rückstände befindlichen Werke nach Maß-

gabe ihres Zurückbleibens hinter der Anteilsquote überwiesen. Die Durchschnittspreise werden auf mehrere Jahre im Voraus bestimmt.

Gegenwärtig umfaßt die Prodameta fünf Sondersyndikate. Es sind die folgenden: je ein Syndikat für Blech und Stabeisen; für Stahl und Formeisen; für Träger und Schwellen; für Achsen und Bandagen; endlich ein Syndikat für Eisenbahnschienen.

Die Fabriken gußeiserner Röhren, welche im Jahre 1905 der Prodameta beitraten, sind seit April 1910 wieder ausgeschieden.

Einige Fabriken sind an mehreren von diesen Sondersyndikaten beteiligt. Außer den Fabriken des Südens gehören auch die Eisenwerke Polens, der Baltischen Provinzen, Mittelrußlands und sogar einige des Urals diesem Kartelle an.

Der Umsatz belief sich im Betriebsjahre 1910/11 auf 98,210,591 Rbl. 79 Kop.

Ueber die Bedeutung dieses Kartells für den inneren Markt gibt uns folgende Tabelle eine Uebersicht.

Es wurden im Jahre 1910 folgende Mengen auf den Markt gebracht (in 1000 Pud):

|  | Formeisen | Blech und Stabeisen | Träger und Schwellen | Achsen und Bandagen |
|---|---|---|---|---|
| Im ganzen im Reiche | 49,888 | 12,253 | 12,253 | 2,278 |
| Von der Prodameta | 43,944 | 10,096 | 10,823 | 1,843 |
| Anteil der Prodameta % | 88 | 82 | 88 | 81 |

Im Jahre 1911 ist die Bedeutung der Prodameta noch größer geworden. Ihr Anteil ist in Trägern und Schwellen auf 94,9 % und in Formeisen auf 93,1 % gestiegen.

Was nun die von der Prodameta und auch deren Ebenbild der Krowlja eingeschlagene Politik und die von ihr erzielten Erfolge anlangt, so ist das folgende zu bemerken.

Die „Prodameta" begann gleich nach ihrer Gründung damit, die Preise zu erhöhen. Dies geschah besonders in den

Gegenden, wo keine Konkurrenz zu fürchten war. Im Jahre 1902 stieg der Preis des Stabeisens von 1 Rbl. 40 Kop. das Pud auf 1 Rbl. 70 Kop., aber die Preise der konkurrierenden Fabriken waren um 20 Kop. niedriger und infolgedessen mußte das Kartell seine Preise wieder herabsetzen. Es zeigte sich, daß man erst auf dem Markte die Vorherrschaft erringen mußte. Zu dem Zweck wurden die Preise immer tiefer erniedrigt, bis zu einem Satze von 1 Rbl. 30 Kop. Zum Teil wurde dieses durch die billiger gewordenen Rohstoffe ermöglicht. Auf diesem Stande blieben die Preise bis zum Jahre 1908; jetzt sind sie wieder im Steigen begriffen.

Auch die Preise des Formeisens wurden gleich nach der Syndizierung dieser Ware erhöht, aber nur im unumstrittenen Gebiete, denn das Kartell umfaßte nur etwa 40 % der ganzen Produktion dieser Ware, und es war von großer Wichtigkeit eine größere Zahl von Fabriken unter einen Hut zu bringen. Zuerst wurde der Kampf mit den polnischen Fabriken aufgenommen. Die Prodameta führte in Polen Kriegspreise ein. Nach einem harten Kampfe unterlagen die polnischen Fabriken und wurden als ein neues Glied aufgenommen.

Im Ural hat die „Krowlja" die Herrschaft; sie treibt hier dieselbe Preispolitik, wie die Prodameta im Süden. Auch hier wurden gleich nach der Bildung dieses Kartells die Preise erhöht.

Die Preispolitik der beiden genannten Kartelle rief eine starke Gegenströmung hervor.

Die Landschaften nahmen den Kampf auf. Es wurde ein „Eisenverband" gegründet, an dessen Spitze die Moskauische Landschaft trat. Sie bildeten die Zentralstelle dieser Organisation; von ihr wurden die Eiseneinkäufe besorgt und der ganze Geschäftsgang geregelt. Die Moskauische Landschaft machte den Versuch, die Krowlja ganz zu umgehen, indem sie die Bestellungen an die Outsiders verteilte. Durch dieses Vorgehen wurde dem Kartell ein harter Schlag beigebracht. Doch dieses Kartell griff nun energisch an. In den Gegenden, wo die Landschaften bisher den Markt beherrschten, wurden

die Preise tief unter die Einkaufspreise der letzteren herabgesetzt. Doch jeder Krieg kostet Geld, deshalb mußte auch
diese Kampfpolitik vorübergehen und bald einer friedlichen
Abmachung das Feld räumen. Das Kartell sah sich genötigt,
den Landschaften annehmbare Preise einzuräumen.

Einen wirtschaftlichen Erfolg kann ein Kartell nicht nur dadurch erzielen, daß es die Preise erhöht, sondern am sichersten
sogar dadurch, daß es die Produktions- und Betriebskosten
vermindert. Dies wird, abgesehen von der Verbesserung der
Technik, durch zweckmäßige Umgestaltung der Zahlungsbedingungen, örtliche Abgrenzung des Marktes usw. erzielt.

Gleichzeitig mit dem Zustandekommen eines Kartells
werden die Zahlungsbedingungen geregelt. Der Verkauf auf
Kredit wird möglichst ausgeschaltet; die Zahlungstermine und
die Wechselfristen verkürzt usw.

Die Preise werden von den russischen Kartellen ab
Fabrik festgesetzt, somit vermag die Entfernung der Fabrik
von den Märkten keinen Einfluß mehr auf die Preisgestaltung
auszuüben. Es wird damit bezweckt, daß alle Mitglieder
dem Kartell gegenüber in gleiche Verhältnisse gestellt werden.
Blos was die polnischen Fabriken anbetrifft, wird eine Ausnahme gemacht, weil die Gestehungskosten in Polen bedeutend
höher sind.

Durch die örtliche Begrenzung des Marktes werden
große Summen an Versendungskosten erspart.

In der Zeit der Krisis haben die Kartelle der russischen
Eisenindustrie wichtige Dienste geleistet, indem sie den Ab-
satz regelten und die Preise auf einer gewissen Höhe fest-
hielten und somit die Industrie vor weiteren Folgen einer
Krisis schützten. Doch da diese wirtschaftlichen Gebilde auf
dem Markte eine gewaltige wirtschaftliche Macht besitzen,
welche sie unter Umständen zu mißbrauchen geneigt sind,
so ist aus diesem Grunde ein zielbewußtes Eingreifen der
öffentlichen Gewalt in das privatwirtschaftliche Leben zur
Regelung der Kartellfrage auch in Rußland sehr erwünscht.

# Inhaltsverzeichnis.

---

## I.

## II.

## III.

## IV.

## Gewichte, Maße und Münzen.

1 Pud (= 40 ruß. Pfund) = 16,38 Kilogramm.

1 Werst (= 500 Faden) = 1,0678 Kilometer, 1 Faden = 3 Arschin.

1 Rubel (= 100 Kopeken) = 2,16 Mark = 2,67 Franken.

# Literaturübersicht.

## Werke in russischer Sprache.

*Abamalek-Lasareff.* Die Frage der unterirdischen Schätze. St. Petersburg 1910.

*Afanasieff.* Die Geldkrisis. Kief 1900.

*Aristoff.* Das Gewerbewesen des antiken Rußland. St. Petersburg 1866.

*Beloff.* Geschichte der uralischen Bergwerke. St Petersburg 1896.

*Brandt.* Die ausländischen Kapitalien und ihre Wirkung auf die Entwicklung des Landes. Bd. II, St. Petersburg 1899.

*Brandt.* Handels und Industriekrisis in Westeuropa und Rußland (1900 bis 1902). St. Petersburg 1904.

*Brandt.* Finanzpolitik und Schutzzoll. St. Petersburg 1904.

*Billmowitsch.* Die Steigerung der Warenpreise. Kieff 1909.

*Dehn.* Steinkohlen und Eisenindustrie. St. Petersburg 1907.

*Farmakowsky.* Bergmännische Zustande auf dem Ural. St. Petersburg 1909.

*Farmakowsky.* Kartellstudien. St. Petersburg 1908.

*Gliwitz.* Eisenindustrie in Rußland. St. Petersburg 1911.

*Goldstein.* Kartellgesetzgebung der verschiedenen Staaten. St. Petersburg 1910.

*Goldstein.* Kartelle und Trusts und die gegenwärtige Wirtschaftspolitik. Bd. I, Moskau 1912.

*Janschul.* Die Produktionskartelle. St. Petersburg 1895.

*Janschul.* Historische Skizze der Entwicklung der Großindustrie in Polen. Moskau 1887.

*Janschul.* Grundsätze der Finanzwissenschaft. 1904.

*Jngan-Baranowsky.* Die russische Fabrik in der Vergangenheit und Gegenwart, Bd. I, 1907.

*Kaffenhaus.* Syndikate in der russischen Eisenindustrie. Moskau 1910.

*Kaffenhaus.* Die Entwicklung des russischen landwirtschaftlichen Maschinenbaues. Scharkoff 1910.

*Keppen.* Materialien zur Geschichte und Statistik der russischen Eisenindustrie, Lieferung 1—3. St. Peterburg 1896

*Mitinsky.* Bergbau und Hüttenwesen im Ural. St. Petersburg 1909.

*Migulin.* Der russische Staatskredit, Bd. VIII, die Eisenbahnanleihen und Eisenbahnpolitik 1893—1902. Charkoff 1903.

*Oseroff.* Die uralischen Eisenwerke. Moskau 1910.

*Oseroff.* Die Kehrseite des russischen Budgets. Moskau 1911.

*Paschitnoff.* Die Lage der Arbeiterklasse in Rußland. St. Petersbg. 1908

*Paschitnoff.* Einige Ausblicke auf das Gebiet der Arbeiterfrage in Rußland. St. Peterburg 1910.

*Ragosin.* Steinkohle und Eisen in Südrußland. St. Petersburg 1895.

*Sammelbuch.* Die soziale Bewegung in Rußland am Anfange des 20. Jahrh. Bd. I, 1909.

*Witte.* Die Prinzipien der Eisenbahntarife. St. Petersburg 1910.

### Werke in deutscher Sprache.

*Beck.* Die Geschichte des Eisens, Bd. I—V, Braunschweig 1890—1903.

*Ballod.* Der deutsch-russische Handelsvertrag. Schriften d. V. f. Sozialpolitik, Bd. 90.

*Gothein.* Internationale Regelung der Eisenzölle. Berlin 1905.

*Luxemburg, Rosa.* Die industrielle Entwicklung Polens.

*Schulze-Gävernitz.* Volkswirtschaftliche Studien aus Rußland. Leipzig 1899.

*Simmersbach.* Die Eisenindustrie. Leipzig 1906.

*H. Storch.* Historisch-statistisches Gemälde des russischen Reiches am Ende des 18. Jahrh. Riga 1797.

*Witteschewsky.* Rußlands Handels-, Zoll- und Industriepolitik. Berlin 1905.

*Vogelstein.* Organisationsformen der Eisenindustrie und Textilindustrie in England und Amerika. Leipzig 1910.

*Lauvice.* (In französischer Sprache). L'industrie dans la Russie Méridionale. Bruxelles 1907.

### Fachzeitschriften und statistische Sammelbücher.

Zeitschrift für Bergbau und Hüttenwesen.

Finanzanzeiger.

Handels- und Industriezeitung.

Statistische Sammelbücher über den russischen Bergbau (1890—1908), Ausgabe des Gelehrten Bergkomitees. St. Petersburg.

Berichte der Kongresse der Bergbau- und Hüttenindustriellen Südrußlands (1895—1911).

Die Warenpreise auf den russischen und ausländischen Märkten. [Statistische Sammelbücher.]

Die Eisenindustrie in Südrußland. Statistische Jahrbücher. L'industrie sidérurgique de la Russie méridionale. Charkoff 1900—1911.

Die Eisenerzindustrie in Südrußland. Charkoff.

Die finanzielle Lage der Berg- und Eisenindustrie in Südrußland in den Jahren 1895—1909.

Der Handel der Semstwo mit Eisen, landwirtschaftlichen Maschinen und Geräten in den Jahren 1901—1908.

Kartellrundschau

Statistisches Jahrbuch für das Deutsche Reich.

Livre d'adresses des Entreprises Industrielles — Belges et Françaises — en Russie. 1911.

—•—◦—•—

Zeitfracht Medien GmbH
Ferdinand-Jühlke-Straße 7
99095 Erfurt, Deutschland
produktsicherheit@kolibri360.de